丛书编委会

总　策　划： 来新国　王文成

编委会主任： 郭齐勇　周晓亮

编　　　委： 来新国　陈知涯　张　彧　尹格韬　沈　众

　　　　　　　王文成　孟淑贤　周长志　罗养毅　秦　丹

　　　　　　　乌　琛

大家精要

胡秋原

谢远笋 著

陕西师范大学出版总社

图书代号 SK16N1024

图书在版编目(CIP)数据

胡秋原 / 谢远笋著. —西安：陕西师范大学出版总社有限公司，2017.5（2024.1重印）

（大家精要）

ISBN 978-7-5613-8737-5

Ⅰ.①胡…　Ⅱ.①谢…　Ⅲ.①胡秋原（1910—2004）—传记　Ⅳ.①K827=7

中国版本图书馆CIP数据核字（2016）第272646号

胡秋原　　HU QIUYUAN

谢远笋　著

责任编辑　焦　凌
责任校对　王雅琨
特约编辑　仲济云
封面设计　张潇伊
出版发行　陕西师范大学出版总社
　　　　　（西安市长安南路199号　邮编710062）
网　　址　http://www.snupg.com
印　　制　永清县晔盛亚胶印有限公司
开　　本　650 mm×930 mm　1/16
印　　张　10
字　　数　100千
版　　次　2017年5月第1版
印　　次　2024年1月第2次印刷
书　　号　ISBN 978-7-5613-8737-5
定　　价　45.00元

读者购书、书店添货或发现印刷装订问题，请与本公司销售部联系、调换。

电话：（029）85303879　传真：（029）85307864　85303629

目　录

引言：现代中国知识分子的一面镜子

　　胡秋原（1910~2004）是当代著名的民族主义思想家、历史学家。

　　早年，胡秋原以"科学救国"为己任，考入武昌大学理化系预科，其后转入中国文学系就读。后因时局纷扰，于1928年前往上海，考入复旦大学中文系。1929年，任上海大东书局编辑，后赴日，于次年春考入早稻田大学政治经济学部。1931年夏，胡秋原回国省亲，9月因"九一八"事变决定放弃学业，从文报国。发表《革命文学问题》一文，批评普罗文学运动，在上海文坛崭露头角，到90岁时因目疾而淡出写作，胡秋原的学术生涯长达七十余年，著作文章超过五千万字，著书不下五十部，主编或创办杂志报纸计十四种。特别是1963年胡秋原创办的《中华杂志》，延续三十一年之久。《中华杂志》主张由学术探讨中国前途，坚持中国价值，倡导人格、民族、学问三大尊严，在台湾与美国价值对抗，成为中国民族主义重镇。毫不夸张地说，胡先生是以匹夫之身对抗整个潮流，以大海潮音作狮子吼，影响了台湾一代知识分子。

　　胡秋原以融贯中西的深厚学养，不囿于任何学术门派，超然于政治意识形态之上。在文化领域，胡秋原参与了多次论辩。在论辩中，他的文章铿锵有力，掷地有声。1931 年，胡秋原创办《文化评论》，强调思想自由与文艺自由，自称"自由人"，主张"文学、艺术至死都是自由的，民主的"，呼吁"勿侵略文艺"，反对"艺术堕落到一种政治的留声机"。由此，引发了与左联的"文艺自由论辩"。在"中国社会史论战"中，胡秋原跳出了西欧历史模式的窠臼，不承认"五阶段论"直线递进模式的普遍性，提出了著名的"专制社会论"。在"资本主义论战"中，他主张发展民族资本主义。在"文字论战"中他反对简体字，反对汉字罗马化与拉丁化。在"中西文化论战"中，他主张"超越传统派、西化派、俄化派而前进"，其论述宏阔有力，发前人之所未发，极有创见。在台湾"乡土文学论战"中，他支持乡土文学，严守艺术不要沦为政治的工具，而政治也不可以任意干涉文艺的立场，反对以政治解决学术问题，并主张向中国人立场复归。在"现代化论战"中，胡秋原主张，亚洲的前途不在于"现代化"，而应该以自己的方式发展。

胡秋原先生不仅是一位著作等身的学问家，还是一位怀抱道德理想，积极参与、批评、指导现实政治，立身于道统的公共知识分子，具有儒者风范。1933 年胡先生参加福建事变，反蒋抗日。1945 年，胡秋原因反对《中苏友好同盟条约》，以致被最高当局"免本兼各职"。1958 年胡秋原为坚持言论出版自由的立场，在台"立法院"提出了著名的以《天经地义背之不祥》为题的质询。1960 年"雷震案"爆发后，他与成舍我先生联名发表声明，反对台当局雷案处理办法。20 世纪 70 年代初期，他声援波澜壮阔的保钓运动。1988 年 4 月，胡秋原发起成立"中国统一联盟"，并被推举为名誉主席。同年 9 月，他访问北京，成为海峡两岸隔绝四十年之后，首位来祖国大陆访问的台湾高层人士，被誉为"两岸破冰第一人"。

　　胡秋原深受顾炎武"明道救世"精神的影响，以天下国家为己任，不畏艰险，屡屡挺身而出，仗义执言，历经顿挫而矢志不渝。非议和谪贬，都无损于他的风骨。郑学稼先生曾说："胡秋原是现代中国知识分子的镜子。"

第1章

少年立志

家世与出生

1910年6月11日，胡秋原生于湖北省黄陂县（今武汉市黄陂区）木兰山北麓之胡家湾。黄陂山清水秀，景色宜人，历来是人文荟萃之地。宋代理学家程颢、程颐亦生于斯、长于斯、学于斯。两任中华民国大总统的黎元洪也出生于此，人称"黎黄陂"。

明末战乱期间，胡秋原远祖自江西迁徙至湖北麻城，其后族人又向西迁移，其中一支落籍于黄陂木兰山北麓。这一支凭借经营船业而获得的财力，在此乡间购置田产，聚族而居，过着男耕女织的田园生活，并开始延聘塾师，以教子弟。数传之后，人丁日盛，这个由胡姓族人组成的村落，也因此有了一个名正言顺的名称——"胡家湾"。胡秋原的祖父是胡承畅。胡承畅有子女五人，胡秋原的父亲胡康民是承畅公最小的儿子。胡康民是黄陂现代教育的开拓者，是黄陂第一所中学"前川中学"的创办人及首任校长。

胡康民生于 1880 年 3 月 28 日，名家济，后号康民。胡承畅体弱多病，在小儿子康民尚不满周岁之时，竟一病不起，撒手尘寰。在愁云惨雾笼罩之下的胡家，不幸的遭遇接踵而来。没多久，胡康民体质纤弱的长兄，因一场急症而告不治。紧跟着，胡康民的祖父胡锡钧，也因无法承受这一连串的打击，驾鹤西去。胡康民的母亲刘氏含辛茹苦，以坚强的毅力独自抚育儿女，无奈家中境况日渐衰落，到了胡康民入学就读之际，竟无力负担学费。好在胡康民的堂兄胡家善读书有成，考取了秀才，又长年在黄安（今湖北省红安县）任教，在胡承畅病殁之后，胡家善为了报答叔父养育之恩，于是带胡康民随馆读书。

自 1889 年至 1898 年，真所谓十年寒窗，胡康民随馆附读十年，已经由三尺童子，成长为风度翩翩、满腹诗书、胸怀大志的 19 岁青年。这期间，胡康民曾与董必武同窗砥砺。这一年6 月，胡康民的母亲刘氏因多年来的辛劳困厄，积劳成疾，加之中暑而病势严重，生命垂危。胡康民闻讯，连夜赶回家，也仅仅见了母亲最后一面。次年，在堂兄胡家善的主持、帮助之下，胡康民迎娶余瑞元先生次女余福慧为妻。又过了一年，即1900 年，胡康民在本村设馆训蒙，前后持续了三年，使本村及附近村庄形成了前所未有的读书风气。此后，胡康民又先后应望族周家及外婆刘家之聘，外出教书三年。

1900 年八国联军侵华，中国陷入了前所未有的民族灾难之中。胡康民痛恨清廷的腐败，深感国家的前途危难重重。1904年，日、俄居然为争夺东北在中国开战。一班革命志士已纷纷成立救国的团体，胡康民认为自己也不应袖手旁观。1904 年秋，胡康民毅然辞去教职，只身来到武昌，加入黎元洪所统属的第一混成协。胡康民不久便以优异表现，得到长官赏识，被授予五品军功。随后，胡康民本来有机会被拔擢为军官，只因在体检的时候被查出近视眼，晋升之事才因此作罢。既然从军报国之路走不通，无奈之下，他只有另谋出路。胡康民本是读书之人，于是向长官请求出营参加科举考试。不出意外，他顺利地考中了秀才。没过多久，胡康民又考取了汉黄道德师范学堂，他因此走出军营，入校就读。第二年，胡康民以优异成绩毕业。此时，安徽省宁国府正向湖北借调师资，胡康民接受聘书赴任，在安徽执教前后有三年。其后，由于湖北方面需要人才，胡康民又在咸宁等地执教了两年。

1911 年胡康民调任荆州府师范监学。不久，武昌首义，中华民国成立，胡康民便被召回武昌都督府任咨议。其后，胡康民又协助都督府与省议会成立审计厅，并很快被擢升为审计厅科长。1913 年，黎元洪赴京就任副总统，袁世凯先后派段祺瑞、段芝贵主政湖北。胡康民认为，袁世凯的这些人事调动用意均不在国计民生，而是为了消灭革命的势力，培养自己的党羽。胡康民对此痛心疾首，无心恋栈，便辞职回乡。胡康民毕竟已在教育界服务多年，成绩有目共睹，有鉴于此，1916 年他被推选为黄陂县教育会会长，又被公举为劝学所长。几经敦促，胡康民于 1917 年入城就职。他工作兢兢业业，不辞劳苦，为黄陂县的教育事业倾注了巨大心力。数年间，黄陂县增设公、私立初小六百余所、高等小学十余所，还改良了私塾教学。除了新办学校，胡康民还主持创办图书馆、旬刊社、半日学校、夜校、简易识字学塾等等。此外，胡康民本人及许多教师还经常到各乡镇巡回演讲，开启民智。前后六年下来，黄陂县教育已颇具规模，过去的落后状况为之一变，一跃成为全省有名的模范县。

1921 年，胡康民创办了黄陂县第一所私立中学。为了纪念二程夫子，采用明道先生诗中的两个字，将学校定名为"前川中学"。程颢的父亲程珦曾任黄陂尉，程颢、程颐均在黄陂出生、成长与受学。明道《偶成》诗云："云淡风轻近午天，傍花随柳过前川。时人不识余心乐，将谓偷闲学少年。"前川中学不仅注重课程设置，极力延揽名师，而且尤重学生人格的陶冶以及勤劳风气的养成。自1921年开学至1929年停办，前川中学前后持续了八年，培养了大量优秀人才。1946年，胡秋原曾回黄陂恢复前川中学，并任校长，亲自讲授"国学概论"，还请于右任先生题写"勤仁诚勇"之校训。1949年春学校停办。前川中学又为海内外输送了一批精英。1953年前川中学校址划拨黄陂一中。1997年黄陂一中搬迁新址，前川中学部分旧址又划归黄陂实验中学。历时虽久，然胡氏父子余泽犹在，其在黄陂教育事业中举足轻重之地位可见一斑。

胡康民夫人余氏1942年病逝于重庆，享年58岁。胡康民于1950年春抵达香港，同年冬赴台，1953年病逝于台湾，享寿74岁。

胡秋原原名胡业崇。他雁行七人，长姐清心；胡先生排行第二，为长子；次弟业永；三弟业巨；四弟业键（幼民）；二妹冰心；幼妹明心（觉正，静）。

明道救世与科学救国

胡秋原自幼即显现了博闻强记的天分，少年时代又逢"五四"运动、日本侵华及社会主义思潮东进，这些都影响了胡秋原的一生。胡秋原3岁的时候，就跟随姐姐胡清心识字。比他年长7岁的胡清心，从小由父亲教读，已念了不少书。因此，在胡秋原满4岁的时候，已经认识不少字了。胡康民偶然发现儿子居然已识字不少，这让他感到十分惊喜，于是就在闲暇之余亲自教读。1917年，在入城就职以前，胡康民将族中所办的小学课程修正了一番，让长女胡清心带着长子胡秋原一同上学。就这样，胡清心与胡秋原于1917年春正式入学。胡秋原所读的第一本书，就是他父亲所改用的"人手足刀尺"课本，还有当时一般小学所用的教科书，间或读一点《孟子》和《古文观止》之类的古籍。其后，胡康民曾将胡秋原带到黄陂县城住了一段时间，但是为了儿子能更多地接触田园乡土，培养其淳朴自然的气质，在将近两个月之后，胡康民又将胡秋原送回乡下。胡秋原便又回到了青山绿水、朴实无华的家乡。城居归来以后，胡秋原才体味到大自然的美好，而他也天生是属于乡下的。胡秋原回来之后，没有再去族学，而是开始涉猎父亲的书橱，尤其爱看小说，如《三国演义》《七剑十三侠》《清史通俗演义》等等。

1918年，黄陂一群富有的染织商人，有志兴办学校，于是在胡康民的指导下创办了"乙种商业学校"。该校教学设施完备，师资力量雄厚，短短一年，成绩斐然。1919年的春天，胡秋原和次弟业永一同跟随父亲进城，分别在乙种商业学校和小学就读。是年"五四"运动爆发，一时间全国响应。胡康民在黄陂县城圣庙前面泮池的三面墙壁上，用拳头般大小的字刊出"二十一条"全文，凡经过的人都可以看见。乙种商业学校也让教师们写成讲稿，由学生到城中和城郊向老百姓宣讲，胡秋原也参与其中。这时正值新文化运动的潮流席卷全国，青年们，知识分子们，都对此抱有极大的热忱，希望从中寻求救国的新出路。新文化运动是一次前所未有的思想解放和启蒙运动。讨论新思潮的书刊纷纷出版，不胜枚举。胡秋原在功课之余，虽然时常翻阅劝学所内与新文化运动有关的书刊，但毕竟年龄尚小，对此类思想文化运动的事情还很懵懂，无法深入理解，只是耳濡目染，有一些粗浅的认识。

前川中学在 1921 年春天正式开学，胡康民被推选为第一任校长。胡康民办学首重人格的陶冶和勤劳风气的养成，强调成人教育与成才教育的统一。学校虽系初创，但是所罗致的教员，却都是个中翘楚。那时，胡秋原刚从乙种商业学校毕业，自然成为前川中学的首届新生。作为校长的胡康民每周一都要对学生训话，其要义是人格、学问为救国之本，反复叮咛的是人格修养、科学研究以及救国志气三件事情。这三者对胡秋原人格的养成，影响至深。多年以后，他创办《中华杂志》，提倡人格尊严、民族尊严、学问尊严，实际上就源于父亲早年的教导。前川中学之名本是为了纪念二程夫子，但被胡康民以及当时的国文、历史老师，用来作为同学们为人为学模范的，是明末清初黄梨洲、顾亭林、王船山、颜习斋几位大儒。这些人不仅学问博雅，见解独特，而且人格高尚，勇于担当道义，并且身体力行。黄梨洲、顾亭林、王船山都曾参与过抗清斗争，清王朝建立之后，他们坚持气节，隐遁不仕，致力于学术研究。前川中学的老师在国文课中选了不少顾、黄、王、颜的文章。胡秋原仔细地研读了这些宏文谠论，几位大儒经世致用、批判专制及民族主义的思想，使他深受启发。随着年龄的增长，见识的日渐广博，胡秋原对国家大事和世界局势也日益关注。

1921 年 11 月华盛顿会议召开。其时，我国民间的爱国运动和民族运动，正轰轰烈烈，风起云涌。各地学校的布告栏上，贴满了这类新闻剪报，更有人将日本所提出的"二十一条"无理要求，印成大批传单，每天从外地寄来，由学校散发。一时间，前川中学校园里到处都在谈论那丧权辱国的"二十一条"，师生们个个义愤填膺，纷纷走上街头，作反日宣传。

胡秋原也是其中坚定的一员。天下兴亡，匹夫有责。胡秋原从此立志，将来为国家贡献一己之力，绝不做亡国奴。特别是顾亭林"明道救世"的精神，在某种意义上塑造了胡秋原的性格，也在很大程度上决定了他日后所走的道路。

由于胡秋原不满 11 岁就进入前川中学就读，毕竟年龄太小，他在第一学期学习并不专心，而是沉迷于小说，因此成绩不太理想。其后，由于父亲的点醒及老师的影响，胡秋原一改过去的漫不经心，从此刻苦用功，各门功课都有了很大的进步，考试也应付裕如，成绩名列前茅。他尤其对数学兴趣浓厚，成绩优异。后来他对几何学证明方法的兴趣尤为浓烈，甚至影响了他一生治学的方法。加上当时流行的社会思潮和人们热衷的话题是科学、民主、整理国故、社会主义、无政府主义等，大家相信科学救国，胡康民也期许胡秋原将来能学机械工程。但那时的中学教育不分所谓文科、理科，学习环境宽松自由，加之胡秋原天资聪慧，因此，他能比较轻松完成学校的功课。在空暇时间，胡秋原手不释卷地阅读课外书籍。他不仅阅读《晨报副刊》《民铎》《学生杂志》《东方杂志》等报刊，也看严译著作和林译小说（严和林分别指严复和林纾）。胡秋原又利用在上海的一个"通讯图书馆"，在 1923 年至 1924 年间，与之联系不辍，借此邮寄借阅当时的新出版物。这一时期，胡秋原阅读了不少梁启超、章太炎、胡适之等人的著作，如《中国哲学史大纲》《先秦政治思想史》《历史研究法》《胡适文存》《国学概论》等等。但是对国学原典，胡秋原却并没有过多地研读，倒是对《饮冰室文集》中关于西方哲学的论述，以及商务印书馆印行的《近代思想》（日本新潮社著，过耀根编译）、《社会改造之八大思想家》（生田长江、本间久雄著，林本等译）之类的书籍，杜威的《思维术》（刘伯明译，中华书局印行）、罗素的《哲学中之科学方法》（王星拱译，商务印书馆印行），以及共学社译著兴趣浓厚，时常阅读。

1924 年冬，北风呼啸，冰雪严寒，但是前川中学弥漫着喜庆的气氛，此刻正是旧制和新制两班学生毕业之际。胡秋原在旧制班中，以第一名的成绩毕业。此时，他撰写了自己生平的第一篇印刷文章——《前川第一届毕业同学录序》，提出并简述了"人格、国家、科学"三个观念，以科学报国为志。

毕业后要寻找新的出路。经过慎重的考虑，胡秋原决定报考河北唐山的交通大学。

第 2 章

求学之路

从交通大学到武昌大学

胡秋原准备启程北上之际，正值中国时局动荡、百姓罹难的多事之秋，因此他报考交通大学的计划，不得不就此罢休。胡秋原原本信心满满，对求学交通大学充满期待，现在却不得不放弃，难掩失望，一时间情绪低落。这时石瑛先生（1878~1943）已出任武昌师范大学校长，而且武昌师大即将改制为武昌大学，一片新的气象。因此，胡康民决定让胡秋原就近报考武昌大学。武昌大学是武汉大学的前身，溯源于清末湖广总督张之洞于1893年创办的自强学堂。

1925年春节过后，胡康民将胡秋原送到汉口，安排他下榻在与人合伙经营的怡泰和商行。胡秋原因此有了一个安静的学习环境，安心自修，准备在暑期报考武昌大学。此时正值孙中山北上，扩大招收国民党党员，各地国民党组织都在尽量争取优秀青年，胡秋原也因此由一位族兄介绍而加入国民党。身处汉口租界中，胡秋原目睹了西化社会的种种不公不义，剥削压榨在这里体现得淋漓尽致。一幕幕场景，更加激发了他内心公平正义、悲天悯人的情怀，坚定了明道救世、科学救国的志向。胡秋原为自己拟订了一个复习备考的计划。复习备考之余，怡泰和商行附近的几家书店，自然是他光顾最多的地方。这一时期，胡秋原正热衷于阅读马克思与尼采的著作，对唯物史观与超人哲学表现出了极大的兴趣。

在怡泰和商行住了一段时间之后，胡康民又安排胡秋原搬到武昌，住在更为清静的鄂州旅馆。来到武昌后，胡秋原的备考计划一如从前，闲暇之余依旧光顾附近的书店。距离鄂州旅馆不远，有一家专门出售当时新出版书报杂志的"时中书社"。店内新近出版的书籍报刊，种类齐全，应有尽有。此时，马克思主义已在中国得到了广泛的传播，逐渐成为知识界及青年学子的思想武器。这期间，胡秋原买了一本《新青年·列宁号》（1925年4月出版），仔细阅读了其中有关马克思主义、列宁主义的文章，又阅读了民智书局出版的考茨基所著《资本论解说》。胡秋原被深深地吸引住了，但更加倾心于马克思和列宁的思想。《新青年》杂志是新文化运动兴起的标志，宣传民主与科学，提倡新文学反对旧文学，提倡白话文反对文言文。其后由于受到俄国十月革命的影响，知识界的思想发生了深刻的变化，《新青年》开始传播马克思主义。1919年"五四"运动后，《新青年》革命色彩更为明显，逐渐成为宣传马克思主义的思想阵地。

不久，胡秋原又研读了《朱执信集》。书中有两句话对他的影响非常大，即"自待应学尼采的超人哲学，待人应学马克思的唯物史观"。马克思与尼采是胡秋原早已熟知的名字，朱执信将二人并列，这无疑使得二人在胡秋原心目中的地位更高了。此后，胡秋原又找到了一些尼采本人及介绍的文章来阅读，如《民铎》杂志编辑出版的《尼采号》，《创造》季刊刊载的译文《查拉图斯特拉如是说》，以及李石岑的研究文章。这期间还发生了震惊中外的"五卅惨案"，也吸引了胡秋原关注的目光。不久，考试时间到了，胡秋原暂时放下了阅读的兴趣和对政治的关注，专心应试。那一年报考武大的考生有三千多人，但是文、理科合计也仅仅录取一百二十名新生。竞争的人虽多，胡秋原依然轻松地考入了理化系预科，顺利进入武大学习。胡秋原自己并不知道，他的国文试卷得到命题老师熊十力先生的欣赏，六年之后，正是在熊先生与蔡元培先生的荐助下，胡秋原才补得留学早稻田大学的官费资助。

从武昌大学到复旦大学

进入武昌大学后，胡秋原的功课相当繁重，不仅有数学、物理学、生物学、生理学，还有国文、经济学及西洋史，等等；不仅要做数学、物理习题，还要到实验室动手做实验。胡秋原不得不整天伏案用功，刻苦钻研。好在苦读了一段时间之后，胡秋原逐渐适应了大学的学习生活，因此有了一些闲暇时间，可以用来看看课外书籍。那一时期的教育，特别是在中学阶段，没有现在这样壁垒森严的文理分科，自由学习的程度很高。那时的学生，无论文科、理科，国文程度大都比较高，对文学也比较感兴趣。胡秋原依旧沉迷于阅读尼采的著作，他一度将马克思与尼采加以比较研究。这个学期的某一天，胡秋原突然接到了一份受邀出席武大国民党支部会议的通知，他感到很意外。自从上大学以来，胡秋原从没得到过有关国民党的消息，也未见有人与他联络。正是在这次会议上，胡秋原认识了中文系的左翼青年严达洙。严达洙虽然只比胡秋原年长两岁，却已是一名老资格的社会主义青年团团员，而且他在新文学与社会科学方面的知识，远非胡秋原所能及。

当时，左派势力乘着风起云涌的民族运动，正在迅速地扩张，青年学子受其影响也日益增多。胡秋原在这段时间看了《帝国主义与中国》（高尔松、高尔柏编）、《帝国主义侵略下的中国》（漆树芬著）等书。这一时期的胡秋原，依然保持着向来所遵守的人格、国家、科学的三个观念。他考入武大学习理工科就是追求科学的体现。在人格观念中，他加入尼采的"超人""强者"意识。至于国家观念，胡秋原由最初强调国家的富强，而后反对强权，主张打倒帝国主义。当时，胡秋原对于十月革命、社会主义、世界革命等这些观念和思想，已有了初步的了解。但胡秋原毕竟还只是一个未满16岁的少年，对这些很难说有强烈的认同。相反，严达洙则对这些理论抱有极高的热忱与信心，仰慕之情溢于言表。这也不由得引发了胡秋原探求的兴趣，马克思列宁主义对他的影响也因此越来越强烈了。正是在严达洙的影响与引介下，胡秋原加入了中国共产主义青年团。

19世纪20年代，中国在帝国主义的殖民统治之下，灾难深重，民不聊生。那时的热血青年，无不对帝国主义的侵凌深恶痛绝，也就自然而然地倾向于社会主义的新思潮。这在当时是社会的主流。没过多久，另外一件事更让胡秋原感到意外，那便是一份很有分量的刊物《武汉评论》的负责人找到了他，郑重其事地邀请他参加编辑工作。《武汉评论》原是国民党在秘密时代的机关报，而当时湖北省党部主持人，大部分是包括共产党在内的左派人物，如董必武、钱亦石、邓初民、张栗原等，也有的是纯粹国民党的人物，如杨一如、罗贡华。

过完收获颇丰的首个学期之后，在接下来的两年多时间里，胡秋原经历了父亲的冤狱、北伐的战火、"七一五"政变、宁汉合流、严达洙遇害、自己被通缉，前所未有的家庭灾难与政治风暴，不仅一次又一次地打断了他的学习，更让他尝尽了人生忧患的味道，真切地感受到了世事无常。1926年上半年，段祺瑞政府制造了震惊中外的"三一八"惨案。寒假结束之后，胡秋原一回校就参加了学校的悼念活动。其后，左翼学生举行了许多游行、集会的活动。只因功课繁重，胡秋原的参与方式多为撰写文章。1926年8月底，胡康民遭黄陂县新上任刘县长的诬告，蒙受了四十多天的牢狱之灾，后几经联络与疏通，才得以释放。

　　1926年8月间，国民革命军北伐的战火已延烧到武昌附近。9月北伐军先后攻占汉阳、汉口，10月攻克武昌。由于战事纷扰，武昌大学一直处于停课状态，胡秋原一度住在乡下。直到1926年11月，武大才准备复课。不久胡秋原回到武昌，依旧住进武昌大学宿舍，继续帮忙编辑《武汉评论》。

　　1926年12月，北伐军攻下武昌后，武汉国民政府对教育进行重大改革，将原国立武昌大学、国立武昌商科大学、湖北省立医科大学、湖北省立法科大学、湖北省立文科大学、私立中华大学等合并而建立国立武昌中山大学，1927年2月学校正式开学。当时很多知名教授鉴于时局动荡，纷纷离去。留守的老师有时也无法正常上课。真心向学的理工科学生，只得将全国各种学术杂志上的科学论文，汇集并油印出来加以研读。胡秋原自然是其中一员，不过他并没有放弃对社会科学的关注。这时胡秋原又受聘于国民党湖北省党部所办的党务干部学校，教授各国革命史。在编写讲义的过程中，胡秋原运用唯物史观对各国的政治经济状况予以说明。这也引发了他对另一个问题的兴趣，即怎样用唯物史观来解释近代文学的变迁。胡秋原由此陷入了深深的困惑。他阅读了任国桢翻译的《苏俄文艺论战》，开始关注普列汉诺夫（1856~1918）与艺术问题。1927年，蒋介石在上海发动"四一二"政变后，以汪精卫为首的武汉国民政府，也逐步走上公开反共的道路。几股政治势力角力，武汉处在政治旋涡之中。胡秋原目睹了政治斗争的血雨腥风，对政党派系斗争深感厌恶。于是他脱离共青团，并辞去《武汉评论》主编职务，同时脱离国民党的组织。这反倒使得胡秋原有机会静下心来，可以有更多的时间去钻研学术。他广泛阅读了中国古典文学作品、西方文学译本，尤其是俄国文学，兴趣开始由科学转向文艺。不过，他也没有完全脱离政治，在全国学生总会主席唐名键的一再邀请下，他仍担任了由全国学生总会主办的《中国学生》的主编职务。

1927年9月，胡秋原在家接到了严达洙来函，说学校马上就要开学，劝胡秋原回校上学。胡秋原当即禀告双亲，动身返校。由于1926年的下学期和1927年的上学期，武昌大学几乎处于停课状态，加之理化系的师资既不齐全，授课又不理想，胡秋原便接受了严达洙的建议，改入中国文学系。对胡秋原来说，中文系的课程并不困难。他有时会缺课，却勤于自修，热衷于看小说和戏曲。1927年冬，桂系军队进入武汉，大举搜捕左派学生，胡秋原与严达洙亦被株连。严达洙遇害，胡秋原适因不在学校而幸免于难。他不得不当即返乡避难。其间，原武大同学徐祥霖来信劝胡秋原去上海。徐祥霖是广东人，曾就读于武昌中山大学，与胡秋原同岁，却比他低两届。其后因武汉的环境太复杂，风波迭起，徐祥霖转到了复旦大学中文系就读。胡秋原任《中国学生》主编时，曾推荐徐祥霖做文字校对的工作，二人是志同道合的朋友。此时的胡秋原已被政治风暴搅得无所适从，无奈之下只得奔赴上海。就在这一年的除夕之夜，胡秋原兼程赴沪。武大求学的经历，不得不就此结束。不久，在徐祥霖热心帮助下，胡秋原拜谒了当时复旦大学中文系主任陈望道先生，相谈之下，陈先生对胡秋原极为赏识。经过考试，胡秋原得以插班进了复旦大学中文系，直接就读三年级。毕竟武大的政治风暴仍未停息，陈先生提醒胡秋原要加以防范。胡秋原原名胡业崇。由于他喜爱王维"秋原人外闲"和柳永"夕阳岛外，秋风原上"句，1927 年始，以"胡秋原"为笔名。进入复旦大学中文系，在陈望道先生的建议下，他便以"胡秋原"的名字注册。之后，便改名为胡秋原了。

从复旦大学到早稻田大学

　　20 世纪 20 年代末，复旦大学中文系有陈望道、徐中舒、谢六逸等知名教授。胡秋原在上课之余，时常利用空闲时间光顾图书馆，广泛涉猎文学、哲学、艺术等方面的书籍。北伐期间，北京及武汉地区的许多文人相继来到上海，一时间上海文坛派别林立，百家争鸣，精彩纷呈。1928 年普罗文学运动开始兴起。"普罗文学"，即"无产阶级文学"，主张文学服务于无产阶级政治。胡秋原不赞成文学服务于政治的提法，撰写了《革命文学问题》一文。这是胡秋原谈论文学的开始，也由此激发了他系统研究文艺理论的兴趣，他决定以普列汉诺夫作为深入研究的中心。不久胡秋原又写了《文艺起源论》一文，也发表于《北新》杂志。《文艺起源论》根据唯物史观，对文艺理论作了系统的研究，用以澄清"革命文学论者"一些武断的说法。

　　"五三"惨案（济南惨案）之后，上海大东书局正在策划一套关于时局的丛书，其中一册的内容有关日本侵华，李长傅先生推荐胡秋原执笔。李先生原是前川中学的地理老师，当时正在东方舆地学社就职。东方舆地学社与大东书局一直有合作关系。在李先生的期待与鼓励之下，胡秋原仅仅用了不到一个月的时间，就完成了《日本侵略下之满蒙》的撰写任务。大东书局很快就印制完毕，公开发行。这样，胡秋原不仅完成了自己的处女作，而且拿到了将近四十元的稿费。其后，因为家庭的变故与情绪的波动，胡秋原于这年暑假退学回家，决心隐居乡里，读书写作，不问世事。这期间，先是父亲所办前川中学因校舍被霸占而停闭，接着长姐胡清心病逝，后又发生了左翼青年周延塘的悲剧。在接下来的几个月里，胡秋原是在忧郁、感伤、消沉中度过的。返乡仅仅半载，1928 年年末又因有会被逮捕的风声，胡秋原不得不在岁暮寒冬离家逃难，再次奔赴上海。这时，他决定以新的眼光来观察和适应这个世界，做一个通达的人。意志消沉不可取，玩世不恭同样不可取，人必须刚健自强、精进不已，这正是儒家的精神。1929 年春，胡秋原任大东书局编辑。有了这种心态上的转变，胡秋原觉得精神振奋，没过多久就完成了《近世民族运动》《帝国主义殖民政策》《三民主义问答》三书的写作。

胡秋原觉得，困扰他许久的一个问题，即如何用唯物史观来解释文艺与社会之间的关系问题，才是他真正值得研究的问题。其实，他在写完《文艺起源论》一文后，原本想对这一问题作系统的研究，写一本学术专著《文艺之发展》。可是，胡秋原当时在中、英文书籍中，竟未找到一本可用的参考文献。有一次，他来到日本人开的"内山书店"，竟有不少发现。尤其是藏原惟人所译的普列汉诺夫著《艺术与社会生活》，让胡秋原如获至宝。但是，由于不懂日文，胡秋原也只能望书兴叹。当时此类著作的中译本可谓凤毛麟角，日译本却有不少。

为了阅读更多的日译书籍，看懂普列汉诺夫的著作，胡秋原决定负笈东洋，这毕竟比到俄国去研读俄文文献要现实得多。1929 年 3 月间，胡秋原由上海乘船抵达日本，他一边学习日文，一边收集、研读马克思主义以及普列汉诺夫的文献资料，并撰写文章寄到上海发表。1930 年春，胡秋原考入日本早稻田大学政治经济学部，但并没有获得庚子赔款奖学金。这一奖学金是在 20 世纪 20 年代初，由日本政府将庚子赔款余额，用于补助中国留日学生的学费而设定的。同时，湖北省政府的留学章程已修改，只有理工科学生才有机会享受官费，因此胡秋原也与之无缘。

进入早稻田大学之后，胡秋原系统研读了《马克思恩格斯全集》及其他西洋历史与哲学名著。在这个学期中，胡秋原写成了《唯物史观艺术论——普列汉诺夫及其艺术理论之研究》（以下简称《唯物史观艺术论》）一书，此书是对"如何以唯物史观说明文艺思潮变迁"之问题的解答，凡七十余万言。在中国的学术界，胡秋原是最早对普列汉诺夫作出系统探究的学者，此书对于马克思文艺理论的研究确有开拓之功。普列汉诺夫是俄国第一位马克思主义理论家、美学家和文艺理论家，也是第一位自觉地将历史唯物主义的基本原理，运用于原始艺术研究的理论家。普列汉诺夫运用唯物史观，多方面地研究了原始艺术，在回答劳动与游戏何者在先、何者在后问题的同时，提出了艺术发生、起源于劳动的观点。《唯物史观艺术论》对马克思文艺理论在我国的传播产生了积极的影响，成为中国马克思主义文艺理论建设的重要组成部分。

其实，早在 1924 年胡秋原就对唯物史观产生了兴趣，1925 年以来他又受社会主义思潮的影响。前者主要表现在知识探究上，后者主要体现在政治倾向上。1926 年至 1928 年间，一系列政治上的血雨腥风，使得胡秋原的政治热情逐渐消退。但是在学术上，胡秋原对马克思主义的兴趣并未减少，长期浸淫于此，他所关注的焦点仍是"如何将唯物史观应用于文艺领域"。特别是在 1929 年赴日留学之后，胡秋原系统地研读了马克思主义文艺理论的经典著作，《唯物史观艺术论》就是他在这一时期所取得的重要学术成果。写完这本皇皇巨著之后，胡秋原不仅肯定文艺自由，反对所谓"文艺政策"，而且以"自由主义的马克思主义"或"马克思主义的自由主义"为思想重心，认为自由主义原则上是正确的，马克思主义的研究方法（主要是指唯物史观）是可取的，两者应该配合起来，以使自由主义和马克思主义都进一步人道主义化。这是胡秋原思想发展的第一个阶段——"自由主义的马克思主义"时期。在"文艺自由论辩"及"中国社会史论战"中，胡秋原都以"自由主义的马克思主义"或"马克思主义的自由主义"为旗帜。在游历欧美之后，胡秋原放弃了"自由主义的马克思主义"，自立"新自由主义的文化史观"，此即进入其思想发展的第二个阶段——"新自由主义的文化史观"时期。抗战之后，国民党政府与苏联签订《中苏友好同盟条约》，其中涉及外蒙古独立问题的条文，对胡秋原有非常大的震动，使得他的思想又发生了转变，胡秋原将文化史观扩充为"理论历史学"，自此之后即是"理论历史学"时期。

进入早稻田大学之后，胡秋原除了研读马克思主义的文献，还阅读了法国哲学家居友（1854~1888）的道德、艺术类著作，放弃服膺多年的尼采（1844~1900）。不久，胡秋原又译完了佛理采（1870~1929）的《艺术社会学》。胡秋原在学术上已取得了丰硕成果，但官费的问题依然没有得到解决，因此生活窘困，只得凭借著译勉强度日。这年暑假胡秋原回国，在杭州拜见了熊十力先生，向熊先生讲明了自己的境遇，以及湖北省教育厅修改留学官费规定的事情，熊先生立即答应出面支持，而且还致信蔡元培先生请他予以推荐。就这样，经熊先生、蔡先生荐助，胡秋原终于在1930年秋获得了湖北省的官费补助。

1930年冬，王礼锡、陆晶清夫妇在日本筹办《读书杂志》，决定由胡秋原主持《读书杂志》的"文艺讲座"。"讲座"是《读书杂志》专门设立的，设立"讲座"的目的，就是发表经常性的有系统的论文。鉴于自己的研究方向及学术专长，胡秋原准备撰写有关"西方文艺思潮史"的系列文章，不久他就写成了绪论性的文章《文艺史之方法论》。这一时期，胡秋原结识了好友梅龚彬，并介绍他与王礼锡相识。梅龚彬原名梅电龙，湖北黄梅人，毕业于上海东亚同文书院，早年投身于学生运动，后长期以大学教授、作家的身份从事中共地下活动。王礼锡、陆晶清合作主编的《读书杂志》，先后出版了四期"中国社会史论战"专辑，在国内外引起广泛的反响。也正是经陆晶清的介绍，胡秋原开始与敬幼如互通信函。

敬幼如1911年生于成都，当时正就读于北平女子师范大学英语系。1932年7月15日，胡秋原与敬幼如在上海结婚，患难与共，相濡以沫，相敬相爱凡七十二载，所生子女六人，长女采薇、次女采禾、三女蜀石、四女蜀山、五子卜凯、六女卜旋。长女采薇夭殇，其余子女均为敬幼如躬亲抚育。抗战期间，敬幼如曾执教于绵阳女中及重庆第二女子师范学校，担任重庆观音岩小学校长。1950年4月，敬幼如携稚年子女四名抵达香港，与胡秋原团聚，并于同年冬举家迁台。2008年，敬幼如在台北逝世，享年98岁。

1931年4月，《读书杂志》创刊号出版，《文艺史之方法论》即发表在其"文艺讲座"上。在此前后，另一个重要的刊物《小说月报》还刊载了胡秋原的译文《政治的价值与艺术的价值》（平林初之辅著），他的译著《艺术社会学》（佛理采著）也由神州国光社出版发行。这些学术成果，引起了上海文艺界的广泛关注，其中不乏赞誉之声。1931年夏，胡秋原归国省亲，由日本经上海至北京，与敬幼如初次见面。8月末，胡秋原回到黄陂故乡。9月18日，胡秋原抵达上海，正拟东渡入学之时，惊闻"九一八"事变爆发，毅然决定放弃学业官费，留沪著书为生。武昌大学时期，胡秋原实现了从科学到文艺的转变。到了早稻田时期，胡秋原治学的兴趣，日渐由文学与文艺史转到历史与哲学。滞留上海期间，胡秋原先后经历了两场大的思想文化论辩。在"文艺自由论辩"时期，胡秋原的论域是文艺和文艺史。其后，胡秋原放下对文艺问题的关注，参与"中国社会史论战"，投身于中国社会性质的辨析及中国社会史的研究之中。自此，历史学、历史哲学成为胡秋原主要的治学领域。对于自己学术兴趣转变的原因，胡秋原曾说：

> 由十九年末至二十年初，我看书的兴趣，又日渐由文学与文艺史转到哲学和历史哲学。这有几条通路。一是早年以来的求知欲以及文化史的兴趣。二是由于马克思主义书籍常常讨论和批评正统派哲学，尤以普列汉诺夫之书为然。三是文学和文学史研究，必然连到方法论的问题，而如普列汉诺夫所云，社会现象上正当方法之发见，即科学真理之发见，也就是自己的宇宙观之发见。此在过去已经注意，在马克思主义之涉猎略告一段落后，我更注意一般哲学，文化史，因而历史哲学。然根本原因，还是由于我不是创作家或无此才能，而又兴趣很广，不甘心专门一业，

于是喜欢理论之思辨；这便必然走上历史与哲学之路。如泰纳所云，一切文艺乃至哲学，可以当时知识和道德来说明。我之注意一时代文艺，也是为了解那一代知识道德状态的。这也就是我慢慢离开文艺，而终以历史与哲学为终身之业之开始。

第 3 章

在上海的几次论战

创办《文化评论》

1931 年夏，胡秋原自日本归国省亲。这一年长江流域内七省遭遇了空前的水灾，混乱的政治局面又使得本已民不聊生的社会状况雪上加霜。胡秋原目睹了故乡人民在水灾和内战中的劫难和悲惨，怵惕恻隐之情油然而生。1931 年 9 月 18 日那天，胡秋原抵达上海，原本打算先赴日完成学业。然而就在当天晚上，日本关东军悍然制造了"九一八"事变，发动对中国的全面侵略。胡秋原次日知道了这一消息，毅然决定放弃学业，留在上海，从文报国。在他看来，山河破碎，同胞遭难，国家命运前途未卜，相形之下，官费和文凭都显得微不足道。

在历经诸多的政治风暴之后，胡秋原对政治本已心生厌倦。然而这一切都因"九一八"事变而改变，他不能不关心国家的前途和命运，不得不探索中国社会史问题和国际问题，由中国历史、世界形势来研究中国的前途。"国破山河在，城春草木深。"不久，胡秋原就在《读书杂志》上发表了名为《资本主义第三期及日本侵略东北暴行的必然性》的文章，深入分析了日本的侵华政策。另外又撰写了一篇《中国外交政策考》，坚决反对不抵抗主义。这一时期，胡秋原深入研究了中国社会史，拟借此为中国找到一条具有学术根据、合乎历史逻辑的出路。但是就现实因素而言，保持民族的独立无疑是当务之急，重中之重。要保持民族的独立，就必须要有人格独立的国民，知识分子就必须超越党派的立场，立身于道统，"为天地立心，为生民立命，为往圣继绝学，为万世开太平"。胡秋原一生秉持"横渠四为"（为天地立心，为生民立命，为往圣继绝学，为万世开太平）之教。这既是他的担当，也是他的理想。但当时的上海文坛，尤其是在左联与民族主义文学两大团体成立之后，日益形成了非杨即墨的趋势，立场鲜明，壁垒森严。1930年3月，中国左翼作家联盟成立。左联成立后，引起了国民党宣传部门的恐慌。于是国民党官员潘公展、朱应鹏等召集王平陵、黄震遐、傅彦长等发动了"民族主义文艺运动"，大肆攻击左翼作家。但是，由国民党策动的所谓"民族文学"，并不是一般意义上的民族主义的文学作品，而是打着"民族"的招牌，实际上维护国民党利益的法西斯文学。文艺沦为政治的"留声机"，文艺及文人的独立性被侵蚀。胡秋原认为知识分子必须超然于意识形态之上，不囿于学术门派，将价值理想奠基于民族国家，以之作为判断抉择的最高标准。为了实现自己的理想，胡秋原决定独力出版刊物，名为《文化评论》。

1931年12月25日，"社会·文化·思想·教育批评旬刊"《文化评论》创刊号在上海出版。"文化评论"这个名称多少是受了意大利哲学家克罗齐的影响。克罗齐曾主编过《文学、历史、哲学评论》杂志。胡秋原认为，历史是文化的历史，而哲学是文化的批评。他所说的"文化"是广义的文化，包括了政治、文艺、科学、哲学、经济、法律，以及一切人类精神的创造物。在胡秋原看来，人心的革命、思想的改革，是一切实际的政治经济改革的前提。在《文化评论》的发刊词《真理之檄》中，胡秋原主张，今后的文化运动"要继续完成'五四'之遗业，以新的科学的方法，彻底清算，再批判封建主义之残骸与变种"，特别是要"以新的方法，分析批评各种帝国主义时代的意识形态"。他自称是"真理之守护神"，郑重地提出"自由的知识阶级"的立场。在创刊号上，胡秋原还发表了《阿狗文艺论——民族文艺理论之谬误》，提出"文学与艺术，至死也是自由的，民主的"，认为"将艺术堕落到一种政治的留声机，那是艺术的叛徒。艺术家虽然不是神圣，然而也绝不是叭儿狗"。胡秋原不仅直接批评了国民党政府所主导的民族主义文艺运动，针对"民族文学"所谓"中心意识"的谬论，他指出"文化与艺术之发展，全靠各种意识相互竞争，才有万花缭乱之趣。中国与欧洲文化，发达于自由表现的先秦与希腊时代，而僵化于中心意识形成之时。用一种中心意识来独裁文坛，结果只有奴才奉命执笔而已"。而且，胡秋原也批评了左联所主张的"文艺必须为无产阶级的政治服务"的观点。

与左联关于文艺自由问题的论辩

正是围绕着文艺与政治的关系，胡秋原与左联展开了"文艺自由论辩"。《文化评论》创刊号发行后不久，左翼发表了两篇回应文章，即《请脱弃"五四"的衣衫》（署名"文艺新闻社"）与《"自由智识阶级"的"文化"理论》（署名"谭四海"）。前者于1932年1月18日发表于左联的外围刊物《文艺新闻》第45号。这篇文章批判了《文化评论》的发刊词，要求胡秋原及其同人"脱弃'五四'的衣衫",认为"我们的步武,却断断乎不是'五四'的"。因为"五卅""一九二五——二七大革命的失败"以及日本帝国主义悍然发动的"九一八"事变,都要求人们"需要——应当——集合在反帝国主义的战旗之下从事于反帝的文化斗争"。因此,当前的文化运动"不是学者们的,不是智识者群或仅是学生大众的",而"是大众的——是为大众之解放而斗争的"。后者载于《中国与世界》1932年第7期。针对《文化评论》的发刊词及胡秋原的《阿狗文艺论——民族文艺理论之谬误》,该文认为"中国阶级斗争紧张到了争取政权的阶段",而《文化评论》的"本社同人"却去"彻底重新估定一切价值",这实际上是"放弃现实任务,关门埋首窗下的书生方法"。接着,该文又批判了胡秋原的文艺自由论,指出艺术并非"永久绝对的自由与民主",它是有阶级性的,是"受社会一切限制的"。因此,这些"逍遥自在"的书生,虽然打着反民族主义文学的旗帜,实际上他们只是想在严阵激战之中,找第三个"安身地",结果是"为虎作伥"!

胡秋原很快就对文艺新闻社的批评作出回应,撰写了《文化运动问题——关于"五四"答文艺新闻记者》一文。此文写于"1932年1月20日夜1时",刊于《文化评论》第4期。第4期原本应该在1932年1月底出版,但在装订的过程中损毁于日本侵略者的炮火,因此直到4月20日才重新排印出版。在该文中,胡秋原感谢了对方平心静气的"友意的批评",指出自己并非想要单纯恢复"五四"精神,只是认为"五四"运动的反封建文化的使命并没有完成,仅仅给了"封建文化以皮相的打击,并没有因此而形成一个国民文化"。胡秋原认为,从根本上说,"没有'五四',就没有'五卅',也就没有今后文化运动(如'普罗文化')"。因此,所谓的"遗业""继续",

只不过是为了强调文化运动的历史连续性而采用的修辞性说法。胡秋原批评对方的观点有着"非马克思主义的、经验一元论的残影"。在胡秋原看来,"要根本否定'五四',就毋宁否定历史"。"五四"运动的历史意义是不可磨灭的,"继续'五四'"的说法,只应释为扬弃"五四",超越"五四",而不能理解为复活"五四",抄袭"五四"。在同期《文化评论》中,胡秋原还发表了《勿侵略文艺》《是谁为虎作伥?》两文。胡秋原在前文中指出,他并没有"否定民族文艺",更没有"否定普罗文艺"。但他并不认同"只准某种艺术存在而排斥其他艺术"的观点。胡秋原称自己"是一个自由人",呼吁"勿侵略文艺"。后文是针对谭四海的《"自由智识阶级"的"文化"理论》而作的,胡秋原在此文中对"自由人""文艺自由"作了阐释,指出"此处自由与民主是针对警犬的民族文艺派的"。到此时为止,胡秋原对左联依然采取守势。

不久,胡秋原于 1932 年 5 月在《读书杂志》第 2 卷第 1 期上,发表了《钱杏邨理论之清算与民主文学理论之批评》,对左联采取了正面的回击。20 世纪 20 年代后期,左翼文学团体创造社、太阳社提倡无产阶级革命文学,在"文艺自由论辩"之前,曾与鲁迅等人发生了"无产阶级文学论争"。作为太阳社的成员,钱杏邨曾参与其中。胡秋原在此文中,首先反驳了钱杏邨的文艺理论及其对鲁迅的批判,以声援鲁迅;接着又批判了"民族文艺"的理论与创作。

论战归论战,日本帝国主义是大家共同的敌人。在这一回合论辩期间,胡秋原与包括左联在内的沪上五十多位文化界人士,联合于抗日的旗帜下,于 1932 年 2 月 7 日发起成立了"中国著作者抗日联合会"。胡秋原被推选为由十五人组成的执委会委员,并起草了《中国著作者为日军进攻上海屠杀民众宣言》，号召全民武装抗日，反对一切帝国主义者妄图宰割中国的企图。《宣言》通过后，在上海的文化界著名人士纷纷签名表示支持。三天后的 2 月 10 日，签名者达到一百二十九人，当时上海的文化界名人大都位列其中。

1932 年 5 月中旬，胡秋原与敬幼如相约在汉口相见，然后一同回到黄陂老家，直到 6 月末才回到上海。这期间，瞿秋白在 5 月 23 日以"文艺新闻社"的名义，发表《"自由人"的文化运动——答复胡秋原和〈文化评论〉》，批判《文化评论》发刊词及《勿侵略文艺》等文。瞿秋白指出，"文艺新闻社"并未否定反封建文化，真正的问题在于："究竟是谁担负着反封建的文化革命——是智识阶级的自由人，还是工农大众?"瞿秋白认为，反封建的文化革命的领导者，既不是资产阶级的知识分子，也不是所谓的"自由人"，而是胡秋原所认为的"不自由的，有党派"的阶级。胡秋原所谓的"勿侵略文艺"，实际上是在帮助统治阶级，攻击无产阶级的阶级艺术。瞿秋白指出，胡秋原所宣称的"自由人的立场，智识阶级的特殊使命论的立场，正是'五四'的衣衫，'五四'的皮，'五四'资产阶级自由主义的遗毒"。洛扬（冯雪峰）在 6 月 6 日出版的《文艺新闻》第 58 号上，发表了《致〈文艺新闻〉的一封信》（此信发表时被编者改题为《"阿狗文艺"论者的丑脸谱》）。冯雪峰不仅承认钱杏邨犯有理论错误，而且认为有必要对其错误加以清算。但是，胡秋原并"不是为了正确的马克思主义的批评而批判了钱杏邨，却是为了反普洛革命文学而攻击了钱杏邨；他不是攻击杏邨个人，而是进攻普洛革命文学运动"。因此，对于胡秋原及其一派，"现在非加紧暴露和斗争不可"。

这一时期，由光华书局发行的《读书月刊》准备出版"文艺论战专号"，并将文章的题目限于文艺的阶级性问题。胡秋原应邀撰写了《关于文艺之阶级性》一文，刊于《读书月刊》第3卷第5期。胡秋原认为，不能否定文艺的阶级性，也不能误解文艺的阶级性，毋宁说，不可将"阶级性之反映看成简单之公式，不可忽略阶级性因种种复杂阶级心理之错综的推动，由社会传统及他国他阶级文化传统之影响，通过种种三棱镜和媒体而发生曲折"。

冯雪峰的公开信发表以后，苏汶（又名杜衡，原名戴克崇）在1932年7月1日出版的《现代》杂志上，发表了《关于〈文新〉和胡秋原的文艺论辩》，声援胡秋原，也由此在中国现代文学史上，揭起了"第三种人"的旗帜。苏汶批评左翼作家"现在没有工夫讨论什么真理不真理，他们只看目前的需要"，并讽其为"目前主义"。苏汶指责左翼作家不要真理，不要文艺，"什么真理，什么文艺，假使比起整个的无产阶级解放运动来，还称得几斤几两？亭子间里的真理吧！小资产阶级狗男女的文艺吧！你假使真是一个前进的战士，你便不会再要真理，再要文艺了"。1932年7月2日，司马今（瞿秋白）在《北斗》第2卷第3、4期合刊上，以《财神还是反财神（乱弹）》为总题，发表了一组文章，共计六篇，其中《狗道主义》批判胡秋原倡导的"人道主义"文学，《红萝卜》批判胡秋原所谓的"自由的智识阶级"。1932年8月，胡秋原在《文化杂志》创刊号上，发表《为反帝国主义文化而斗争》。此前在炮火中停刊的《文化评论》，胡秋原决定不再复刊，而是在8月份另行出版不定期的刊物《文化杂志》。胡秋原认为在社会革命过程中建设一个普罗文化，是不必要和不可能的。他提出当前的文化任务，"就是反帝国主义的斗争，反帝国主义文化的斗争"。

1932年10月，《现代》第1卷第6号发表了五篇论辩的文章，分别为易嘉（瞿秋白）的《文艺的自由与文学家的不自由》、周起应（周扬）的《到底是谁不要真理，不要文艺?》、苏汶的《"第三种人"的出路》、舒月的《从第三种人说到左联》及苏汶的《答舒月先生》。易嘉的文章分为两个部分：第一部分批判了胡秋原的"文艺自由论"；后一部分批判了苏汶的超阶级的文艺观。周起应的文章反驳了苏汶的观点，阐述了文学与革命的关系，认为"革命不但不妨碍文学，而且提高了文学"。苏汶在《"第三种人"的出路》一文中指出，"'第三种人'的唯一出路并不是为着美而出卖自己，而是，与其欺骗，与其做冒牌货，倒还不如努力去创造一些属于将来（因为他们现在是不要的）的东西吧"。在《从第三种人说到左联》一文中，舒月既批判了胡秋原、苏汶的"文艺自由论"，也批判了左联的所谓"小资产阶级粘性"。不久，鲁迅也参与了对"第三种人"的论战，在 1932 年 11 月 1 日出版的《现代》第 2 卷第 1 期上，发表了《论"第三种人"》。同期还发表了陈雪帆（陈望道）的《理论家的任务速写》、苏汶的《论文学上的干涉主义》两篇论辩文章。在《论"第三种人"》一文中，鲁迅认为在当时紧张的政治气氛中，要做超阶级的"第三种人"是不可能的。他指出："生在有阶级的社会里而要做超阶级的作家，生在战斗的时代而要离开战斗而独立，生在现在而要做给予将来的作品，这样的人，实在也是一个心造的幻影，在现实世界上是没有的。要做这样的人，恰如用自己的手拔着头发，要离开地球一样。"1932 年 11 月 15 日，《文学月报》第 1 卷第 4 号，发表了芸生（邱九如）的长诗《汉奸的供状》。诗篇本意在讽刺"自由人"胡秋原，但存在着辱骂和恐吓的严重缺点和错误。该诗发表后，鲁迅立即写了《辱骂和恐吓决不是战斗》（刊于《文学月报》1932 年 12 月 5、6 号合刊），对作者芸生提出了严肃的批评。

1932 年 12 月，胡秋原在《现代》第 2 卷第 2 期上发表《浪费的论争》，回答易嘉、周起应、舒月等人的批判。胡秋原的这篇文章依然是论证马克思主义绝对没有否认文艺自由，在反驳易嘉、周起应、舒月等人的同时，也表达了对"真正的革命家思想家"的尊敬，对"整个普罗文学运动"的同情。其后，洛扬（冯雪峰）发表了《并非浪费的论争》（刊于 1933 年 1 月《现代》第 2 卷第 3 期）作为反驳。丹仁（冯雪峰）发表了《关于"第三种人文学"的倾向和理论》（刊于同期《现代》）。此文系统清理了苏汶的理论，但也承认了左翼批评家在此次论战中所犯的机械论的（理论上）和"左"倾宗派主义的（策略上）错误。因此，此文还表示了团结的愿望，以纠正"左"倾宗派主义的错误。文章指出："苏汶先生的第三种文学的真的出路，是这一种革命的，多少有些革命意义的，多少能够反映现在社会的真实的现实的文学。他们不需要和普罗革命文学对立起来，而应当和普罗革命文学联合起来。"在同期《现代》上，苏汶发表了概括性文章《一九三二年的文艺论辩之清算》，指出这次文艺论辩的意义有三："第一，文艺创作自由的原则是一般地被承认了"；"第二，左翼方面的狭窄的排除异己的观念被纠正了"；"第三，武器文学的理论是被修正到更正确的方面了"。在论争的过程中，1932 年 11 月 3 日出版的中共中央机关刊物《斗争》杂志第 30 期上，发表了歌特（张闻天）的《文艺战线上的关门主义》，也曾指出"左"的关门主义是左翼文艺运动的"最大的障碍物"。

1933 年 3 月，随着苏汶编辑的《文艺自由论辩集》一书由上海现代书局出版发行，这场论争可以说告一段落。"文艺自由论辩"，是 20 世纪 30 年代初规模最大、水平最高的一场文艺论战。"自由人""第三种人"的理论虽有严重的偏颇之处，但他们也提供了一些富有合理性的、极具价值的文艺观点，对左翼作家有所触动和启发。文艺自由论辩结束后的论辩双方虽然还写了论辩文章，但那已经不是原来意义上的开放、自由的辩论，胡秋原也很少参与其中。这首先是由于胡秋原参与到了"中国社会史论战"之中，不久又代理了《读书杂志》主编的职务；其后是由于胡秋原参加福建事变，并去国三年有余。当胡秋原在论辩中提出"自由的知识阶级"的主张时，德国思想家阿尔弗雷德·韦伯也提出了相似观点——"自由而无所依附的知识阶级"。接着，匈牙利思想家卡尔·曼海姆也提出了知识社会学的思想，主张"知识分子的自由漂移说"，认为知识分子不依附于任何特定阶层，他们可以也应该成为意识形态谎言的特立独行的批判者。他们二人的思想是20世纪西方社会学理论的重要组成部分。胡秋原一贯认为，知识分子应该立身于道统，超越于意识形态之上，应该批导和限制现实政治权力。20世纪60年代胡秋原提出了著名的"超越论"，因此我们也不妨将胡先生所言的超越，看成对政治意识形态的超越。20世纪70年代胡秋原对台湾乡土文学的声援，也可在广义上被看成对知识分子道统的护持。

"中国社会史论战"中的胡秋原

"文艺自由论辩"尚未结束时，思想界的另一场大论战——"中国社会史论战"，也在如火如荼地进行中。胡秋原亦参与其中，他所主张的"专制主义论"是此次论战中一个重要的思想流派。"中国社会史论战"，是"五四"运动后中国思想界的一次范围广泛、影响深远的大讨论。它与20世纪20年代的"科学与人生观论战"及 20 世纪 30 年代中期的"全盘西化"与"中国本位文化"论战一起,被誉为二十世纪二三十年代的三大论战。因为对社会性质的认定,不仅直接决定历史的分期问题,而且也影响到对不同革命道路的选择问题。所以,在大革命失败后的 20 世纪 20 年代末、30 年代初,思想界的很多人士对中国社会性质的认定展开了广泛的讨论。20 世纪 30 年代的"中国社会史论战",就是这种讨论的集中体现。

正因为社会性质的认定与革命道路的选择之间,有着紧密的联系,甚至直接相关,所以,参与此次论辩的很多论者,都具有鲜明的政治立场。他们研究中国古代历史发展阶段及当代社会性质的目的,就是解答中国革命的性质、方向和任务的问题。这些论者的辩论有着鲜明的政治色彩,他们从自身的阶级派系的利益出发,站在自身的立场,积极参与这场论争,提出并宣传自己的观点,直接为自己的政治目的服务。《读书杂志》是"中国社会史论战"的主要阵地:第 1 卷第 4、5 期合刊(《中国社会史的论战》第 1 辑);第 2 卷第 2、3 期合刊(《中国社会史的论战》第 2 辑);第 2 卷第 7、8 期合刊(《中国社会史的论战》第 3 辑);第 3 卷第 3、4 期合刊(《中国社会史的论战》第 4 辑)。在该杂志发表文章、参加论战的有"新生命派",由国民党的官方文士组成,以陶希圣为代表;中国共产党方面则有"新思潮派",以郭沫若为代表,还有"动力派",以严灵峰为代表;神州国光社则以王礼锡、胡秋原为主要代表;此外,也有其他革命知识分子和无党派人士参加。在此次论战中,胡秋原的观点主要体现在对封建社会论的批判及专制社会论的提出。

封建社会论源于对西欧历史模型的比附。17 世纪德国历史学家克里斯托弗·凯勒的《中世纪史》从君士坦丁一直写到

1453 年，这被认为是西欧中世纪史分期的确立。此后，"古代""中世纪""近代"的三分法一直支配着西方史学界。马克思将"古代"作为奴隶社会阶段，"中世纪"作为封建社会阶段。在20 世纪，中国马克思主义史学家重构中国史时，借用马克思著名的五阶段论，将封建社会对应到中国从战国时代至鸦片战争的历史阶段，忽视了马克思本人对非西方地区是采用"亚细亚生产方式"这一特定的称谓。"中国社会史论战"就是要通过对中国历史的全面考察，讨论当时中国社会性质的问题，特别是要讨论帝国主义入侵之前的中国是否为封建社会的问题。在"中国社会史论战"中，胡秋原对中国社会性质问题的探讨，不仅接受了历史唯物主义的分析方法，也受到了佛理采"艺术社会学"的启发，他着眼于研究文化、文艺与社会之间的关系。这种视角使得他特别关注各个历史时期的文化现象，例如，基于对宋朝印刷术的革新、书籍在民间流行等文化现象的观察，他认为宋朝是我国文艺复兴时期。在对中国社会性质认定及中国历史分期的问题上，胡秋原跳出了西欧历史模式的窠臼，不承认五阶段论直线递进模式的普遍性。胡秋原对中西历史的同中之异、异中之同作出了仔细的辨析，并以"亚细亚式专制社会"诠解前近代中国。在胡秋原看来，漫长的中国历史中，只有周朝是封建社会；自秦汉以降则是专制主义社会，相当于西方工业革命以前的社会，即西方绝对王政时代的社会。

在"中国社会史论战"的初期，胡秋原并没有参与其中。直到《中国社会史的论战》第 1 辑出版之后，胡秋原才写了一封信给编辑，正式参加这一论战。但这一时期，他不过偶尔发表文章讨论中国社会史问题，其主要精力仍在"文艺自由论辩"。直到 1932 年 12 月，胡秋原发表《浪费的论争》，对"文艺自由论辩"作"结案陈词"以后，其研究领域才从文艺转移至史学，并发表了社会史方面的代表性论文——《中国社会–

文化发展草书》。不仅如此，自第 3 卷第 5 期开始，胡秋原出任《读书杂志》主编一职，全面负责其运作。胡秋原写给编辑的这一信函，以《通信九》之名刊于《读书杂志》第 1 卷第 6 期。他在信中批评了孙倬章所说"资本主义开始于一七八五年（蒸汽机发明）"的观点，胡秋原认为在资产阶级掌握政权以前，资本主义的生产方式就已经存在。孙倬章以《秋原君也懂得马克思主义吗?》一文予以反驳，刊于《中国社会史的论战》第 2 辑，同期一并刊载了胡秋原的答辩文章——《略覆孙倬章君并略论中国社会之性质》。在这篇文章中，胡秋原一改过去亚细亚生产方式的说法，并修正了马克思五阶段论的公式。胡秋原认为近代中国社会是"国际帝国主义殖民地化的先资本主义社会"，因此，革命的对象相应地就是帝国主义及其代理人。

1932 年 8 月 1 日，胡秋原在《中国社会史的论战》第 3 辑上，发表了《亚细亚生产方式与专制主义》一文。此文本是应吴清友之邀，为其翻译的杜布洛夫斯基《亚细亚生产方法、封建制度、农奴制度及商业资本之本质问题》所作的序言。在这篇文章中，胡秋原认为存在一种"封建主义和资本主义之过渡期"，主张"在封建主义和资本主义之间，有专制主义（Absolutism）时期的存在"。胡秋原以这种观点解析中国古代史，认为"中国东周的封建主义，因商品经济之分解，发生变质而为专制主义，自秦至清末，就在这一个阶段"。在此基础上，胡秋原又撰写了《专制主义论——专制主义之理论与中国专制主义之事实》一文，发表于《读书杂志》第 2 卷第 11、12 期合刊上。在此文中，胡秋原对晚周以降，尤其是秦汉以降专制社会的生成作了解析：商品经济发展，破坏封建政权的孤立性、分散性，促成专制君主的集权；官僚、常备军、货币租税构成专制君主制的三个特征。但是，为何西欧的专制主义只经过了四百年，而中国却五倍于它呢? 胡秋原认为其原因在于农民的暴动与蛮族的入侵。

1933 年 3 月，王礼锡被迫流亡欧洲，应其一再的邀请，胡秋原答应代理主编的职务，于第 3 卷第 5 期开始任职。

其后，胡秋原依据《专制主义论——专制主义之理论与中国专制主义之事实》一文的框架，撰写《中国社会-文化发展草书》之长文，将其前三节，也即古代篇发表于《中国社会史的论战》第 4 辑。其余的内容分别刊于《国际文化》创刊号（《汉魏六朝中国社会-文化史草书》）和《读书杂志》第 3 卷第 6 期（《秦汉六朝思想文艺发展草书》）。在此文中，胡秋原主张"封建社会继承原始社会是人类历史发展的普遍规律，希腊罗马也先经过了封建社会，后来的奴隶社会只不过是封建社会的变形发展"。由此，在那里，"不是奴隶社会先于封建社会，而是封建社会先于奴隶社会"。胡秋原认为 20 世纪初的中国既非"封建社会"，也非"资本主义社会"，而自有其形态——专制主义社会。据此，胡秋原将中国历史划分为五个时期：原始社会时代（殷以前）；氏族社会时代（殷）；封建社会时代（周）；专制主义社会时代（秦至清末），这一时期又分为三个阶段，一为两汉至魏晋南北朝，二为北朝至隋唐宋，三为元明至清末；专制主义半殖民地化时代（鸦片战争以来）。

"中国社会史论战"是胡秋原的学术志向从文艺学转向历史学的一个转捩点。自此以后，对中国社会性质的辨析贯穿着胡秋原整个学术生涯，20 世纪 60 年代对费正清中国观的批判可以说是这一思想的延续。如果说在"中国社会史论战"中，胡秋原只是借用了马克思主义的方法论；那么，到了 20 世纪 60 年代，在对费正清中国观的批判中，胡秋原已有了他自己的历史哲学的方法论。到了 20 世纪 80 年代，胡秋原还撰有《西方何时才有民主？中国是否封建社会？》（刊于《中华杂志》第 23 卷第 11 期，1985 年 11 月）一文，延续并深化了对封建社会论的批判。

第 4 章

文章报国

福建事变

正当"中国社会史论"战进行得如火如荼的时候，日寇开始向热河及华北进犯。1933 年 3 月热河全省沦陷；5 月《塘沽协定》签订，冀东、察哈尔名存实亡。大片国土被蚕食，中华民族危在旦夕。南京国民党政府却妥协退让，消极抗战。《塘沽协定》签字后第二天，蒋光鼐（1887~1967）、蔡廷锴（1892~1968）就在福州发表通电，反对蒋介石对日妥协、出卖华北。毋宁说，正是十九路军将领与蒋介石在抗战主张上的分歧，最终导致了福建事变的发生。陈铭枢（1889~1965）是十九路军的家长，蒋光鼐和蔡廷锴的顶头上司。十九路军在北伐战争、中原大战和"一·二八"淞沪抗战时期战斗力极为强悍，可以说是当时中国战斗力最强的军队。而胡秋原与十九路军将领的关系，起初是源于神州国光社与《读书杂志》。神州国光社创办于 1901 年，最初以影印书画、字帖、金石、印谱为主。此后，该社由于经营不善，连年亏损。陈铭枢与神州国光社颇有渊源，1928 年他出资买下该社，由王礼锡任总编辑，并创办《读书杂志》。神州国光社虽由陈铭枢个人出资购买，但实际上它始终属于十九路军，是该军整体事业的一部分，因此也确立了该社与十九路军荣辱与共的密切关系。据此，神州国光社日渐由一个单纯的出版机构，转变为文化团体乃至政治派别。

胡秋原起初与《读书杂志》也只是工作上的关系。他虽然关心政治，但他是"书生问政"，其兴趣在理论方面。对实际的政治运作，他并不愿参与。福建事变发生以前，胡秋原并无实际的政治经验。但是，正是因为胡秋原与王礼锡、《读书杂志》、神州国光社、陈铭枢之间的连带关系，并在坚决抗击日寇的共同主张下，他参加了福建事变，在反蒋抗日的实际政治行动中，与十九路军走到了一起。这种关系其实可溯源至胡秋原于 1933 年出任《读书杂志》主编之际。此后不久，胡秋原于 1933 年 6 月应刘叔模的要求，将陈铭枢的讲稿《从国际形势说到中国民族的出路》，刊于《读书杂志》第 6 期。刘叔模（1897~1975）早年留学法国，当时是陈铭枢和十九路军驻沪代表。此文是陈铭枢 5 月 27 日在福建各界欢迎会上的演说词。他在演讲中主张言论自由及全民抗日，并对国民党当局提出了尖锐的批评。早在 1931 年"九一八"事变后，李济深（1885~1959）、陈铭枢、蒋光鼐、蔡廷锴等人，由于他们的抗日要求和行动得不到蒋介石政府的支持，与蒋的矛盾日益激化。1932年"一·二八"事变时，陈铭枢命令第十九路军抗击日寇，反对妥协政策，受到蒋介石、汪精卫的排斥。就在刘叔模要求胡秋原将陈铭枢的演说词发表于《读书杂志》后不久，李济深和陈铭枢又拍了一封密电给刘叔模和胡秋原，要他们面请蔡元培和杨杏佛（1893~1933）赴港议事。不料没过几天，就在 1933

年 6 月 18 日这一天，时任中央研究院总干事的杨杏佛被刺，当场殒命。虽然，杨杏佛的死因，或被认为是"杀杨儆宋"，或被认为是要以此来扼杀中国民权保障同盟，并非与李、陈二人的密电有直接的联系。但是，在当时肃杀的政治气氛下，又鉴于胡秋原与神州国光社及《读书杂志》的关系，胡秋原仍不得不避难于当时李、陈二人所在的香港。

1933 年 7 月间，胡秋原短暂回到上海，将《读书杂志》第 3 卷第 7 期编辑出版，并宣布《读书杂志》脱离神州国光社，他本人亦发表声明辞去主编职务。在处理好《读书杂志》善后工作以后，胡秋原携敬幼如一同奔赴香港。11 月初，胡秋原、敬幼如与刘叔模等一行人来到福州。神州国光社的许多编辑、特约编辑，也应陈铭枢之邀，先后入闽，参加了事变的筹划和运作，他们和陈铭枢一起在福建事变中发挥了主导作用。胡秋原到福州后，福建省政府就请他担任福州《民国日报》的社长，由他出面主持文宣工作。不久，李济深、陈铭枢等也相继抵达。同年 11 月中旬，十九路军将领召集鼓山会议，最终决定在 20 日宣布成立新政府，并决定改变国号为"中华共和国"。11 月 20 日，李济深等在福州召开"中国人民临时代表大会"，发表《人民权利宣言》，福建事变正式爆发。福建"人民政府"宣布成立后，随即建立了由陈铭枢兼主任的"文化委员会"，王礼锡以秘书长名义实际主持，胡秋原、梅龚彬、程希孟等神州国光社成员负责具体运作。原《民国日报》改组为《人民日报》，作为福建"人民政府"的机关报，由胡秋原和彭芳草主办。在此期间，胡秋原为福建"人民政府"起草了大量的政治文稿。

"中华共和国人民革命政府"成立后，受到各地民众和海外华侨的拥护，但同时也遭到蒋介石政府的舆论攻击和军事镇压。1933 年 12 月下旬，蒋介石抽调精锐部队攻打福建。1934 年 1 月 21 日，在蒋介石分化瓦解和优势兵力的攻击下，福建事变终告失败。胡秋原在 1934 年 1 月中旬乘船经厦门，再次逃往香港。

游历欧美

福建事变失败后，胡秋原再次逃往香港，原本打算卖文度日。但在惊魂未定之际，胡秋原又经历了突如其来的牢狱之灾，险象环生。接着，本来只准备避难半年的旅行，却变成一次将近四年的世界漫游，重回祖国之日，日寇已发动了全面的侵华战争。同时，胡秋原的学术思想也发生了转变，他放弃了"自由主义的马克思主义"，创立了自己的"新自由主义的文化史观"。

胡秋原一行人于 1934 年 1 月 17 日抵达香港。七天之后，敬幼如生一女婴，初为人父的胡秋原为女儿取名胡采薇。生活虽然已步入常轨，但胡秋原不得不为生计问题犯愁。无奈之下，他只得求助于上海文化界的朋友，决定卖文维生，权且为稻粱谋。没过多久，胡秋原被香港政府逮捕入狱，后经陈铭枢等人出面营救，得以交保释放，但香港政府仍对他作出了"驱逐出境"判决。正当胡秋原为去处犯愁之际，陈铭枢却已为他的行程作了妥善的安排。原来，陈铭枢、蔡廷锴决定让他带陈、蔡两家的三名子女一同去英国留学，并募得一笔可观的经费，足以应付胡秋原夫妇在英国半年的开销。只是在当时的状况下，他们没办法取得当时中国政府的护照，只得以"宣誓证明书"作为临时护照，经意大利抵达英国。1934 年 3 月中旬，胡秋原夫妇与陈、蔡两家的孩子登上了开往意大利的邮轮。考虑到采薇刚出生不久，受不了这等奔波，胡秋原夫妇不得不将采薇寄养在香港的一家托儿所。胡秋原夫妇赴英之后，采薇在1934年9月不幸夭折。

胡秋原一行经新加坡、槟榔屿、加尔各答、科伦坡、孟买、埃及等地，最终于1934年4月中旬抵达意大利的威尼斯，后经佛罗伦萨抵达罗马。在罗马的中国公使馆（不久后公使馆升格为大使馆），胡秋原以"吴楚野"之名补办了护照，并办妥了到英国居留的签证手续，后经米兰、日内瓦、巴黎，于1934年5月初抵达伦敦。安顿下来之后，胡秋原决定去大英博物馆潜心苦读，打算半年之后回到上海或者澳门、香港教书、撰稿，以维持生计。但是外籍人士进入大英博物馆读书，必须经使馆介绍才行。于是，胡秋原先去中国公使馆请求帮助，中国公使馆开具了介绍信之后，他顺利地领取了大英博物馆图书部的阅书证，从此开始了在大英博物馆的读书计划。他借阅的第一本书是康德的《纯粹理性批判》。胡秋原因此恢复了学生时代的生活方式，并一直持续到1934年11月。其间，除涉猎西方哲学、史学名著外，胡秋原也关注社会学的发展，研读缪勒利尔的著作数种。其后他与王礼锡合译了缪勒利尔的名著《家族论》，1936年由上海商务印书馆出版。

半年下来，胡秋原收获颇丰，吸纳了不少新思想、新观念。在历史文化观方面，胡秋原强调比较文化史的研究，认为人类文化并无根本的不同，传统与现代也并非对立的两橛，传统的价值不一定和现代社会相互抵牾。而且，从历史意识的觉醒来看，任何一种文化传统都有其根源性的智慧与独特的价值，它们正是现代化的源头活水。关于中西社会，胡秋原认为西方固然有严格的阶级区分与阶级斗争；然而在中国，并没有界限分明的阶级。正如梁漱溟先生所言，中国是"伦理本位，职业殊途"的社会。因此，胡秋原认为唯物史观并不能被机械地、教条地应用于中国社会，五阶段的直线递进模式也并不适用于中国历史。民族-国家（nation-state）是西方现代性的重要特征之一，漫游欧美的经历使得胡秋原对此有了更直接、更深刻的认识，因此他的民族主义思想更加坚定。同时，胡秋原也观察到，英国人所说的自由只限于白人，他们剥夺印度人的自由权，说明英国人已背叛了自己的自由原则。以上的这些思想，对胡秋原以后创立"新自由主义的文化史观"产生了重要影响。

大英博物馆将近半年的读书计划完成之后，1934 年 11 月，胡秋原与王礼锡赴苏联、德国、荷兰作短暂旅行。其间，在莫斯科曾与现代女作家、革命家和社会活动家胡兰畦（1901~1994）取得联系；在柏林曾与友人杨一之（1912~1989）、王亚南（1901~1969）等会面。回到伦敦后，胡秋原又于 11 月下旬，奔赴意大利、匈牙利、奥地利、卢森堡、比利时游览，于 12 月初返回伦敦。正当准备返国之际，胡秋原收到了一封寄自苏联的胡兰畦来函，邀请他再赴莫斯科。胡秋原起初不明缘由，只得回信询问，并未贸然前往。不久，胡兰畦即回函解释，词意恳切。于是，胡秋原夫妇决定延迟归国日期，于 1934 年 12 月下旬动身前往莫斯科。在莫斯科与胡兰畦晤面后，胡秋原方才知道原来是第三国际中国代表团团长王明，邀请他协助编辑《救国时报》与《全民月刊》。于是，在抗日民族统一战线的旗帜下，胡秋原以个人的身份参与编辑工作，与李立三（1899~1967）等人共事。1936 年 6 月中旬，陈铭枢到莫斯科访问。6 月底，胡秋原与陈铭枢等一同离开了在此工作将近一年半的莫斯科，返回伦敦。临行前，王明等邀请胡秋原加入中国共产党未果。

胡秋原在莫斯科期间，正值苏联大清洗；在国内，日寇成立了冀东防共自治政府的傀儡政权。政治上的触动，加之学术上的钻研以及思想上的酝酿，使胡秋原放弃了"自由主义的马克思主义"，初步形成了"新自由主义的文化史观"的思想。这一思想主张人是创造文化的动物，而人类创造文化，也就创造历史。因此，历史必须以人类文化的变动来说明，以不同民族文化的交流、竞争、冲突来说明。胡秋原准备撰写《宇宙文法》《宇宙辞书》两书，对其"新自由主义的文化史观"的思想加以系统的表达。根据他初步的理论构想，《宇宙文法》探讨物质、生命和人类精神的活动，是新自由主义的知识论、价值论以及政治、经济的哲学。《宇宙辞书》是基于文化史观的世界文化通史。在莫斯科期间，胡秋原已为《宇宙辞书》写好序文，他归国后写成的《历史哲学概论》就是以此文为序的。写好这篇序文后，胡秋原将其历史见解应用于当时中国所面临的问题，写成《抗日就是一切，一切归于抗日》的长文。胡秋原在此文中，首先对自己的思想变化作了说明，他宣布放弃"自由主义的马克思主义"，而主张新自由主义与资本主义。接着，文章又分析了日寇侵华的深层次原因，以及全民持久抗战必胜的理由。胡秋原指出，抗战期间中国必须发展民族资本主义、民主主义。抗战胜利后，中国要发展出一种新型经济，为世界开辟一个新的局面。可以说《〈宇宙辞书〉序文》《抗日就是一切，一切归于抗日》这两篇文章，是胡秋原以后思想和著作的出发点。胡秋原在苏联期间，还应中华书局出版的《新中华》之邀，撰写了《莫斯科面面观》《中国文化在苏俄》等文章。

　　1936年8月间，胡秋原曾由伦敦赴巴黎作短暂停留，为参加"世界和平运动"成立大会的中国代表团，编辑了《中国与和平》《中国为和平而战》两本小册子，并于 9 月初赴布鲁塞尔与会。不久，胡秋原再次奔赴巴黎，参加"全欧华侨抗日救国大会"。到会代表一致赞成建立"全欧华侨抗日救国联合会"，讨论通过了《全欧华侨抗日救国联合会会章》、大会宣言和致国内外同胞《立即武装抗日》的通电。会议选举产生了全欧抗联会执行委员会和监督委员会。接着，抗联执委会和监委会召开第一次全体会议，选举产生了抗联会常务委员会，胡秋原、陈铭枢、王礼锡等被选为常务委员。直到 11 月底，胡秋原才由巴黎返回伦敦，其间胡秋原为抗联会起草了大量文件，并参加了在巴黎举行的鲁迅追悼会。1936 年 12 月上旬，胡秋原夫妇登船，打算经由美国返回香港，船行至大西洋，惊闻西安事变发生，于是决定暂留美国。居美期间，胡秋原或演讲，或辩论，或撰文，提倡抗日，交游者有陶行知（1891～1946）、陈翰笙（1897～2004）等。卢沟桥事变爆发后，胡秋原响应"共赴国难"的政策，立即束装归国，9 月初经香港返家，稍作停留后即奔赴南京。

文章报国

1937 年 9 月中旬，胡秋原抵达南京，与陈铭枢、刘叔模、梅龚彬等讨论时局，写成《抗战建国刍议》一书。1937 年 11 月中旬，在上海淞沪抗战失败已成定局，首都南京遭受巨大威胁的形势下，国民党中央和国民政府自料南京无法坚守，为坚持长期抗战，遂决定依照既定方针，作出了国民政府迁至重庆的决定。胡秋原随即抵达汉口，经人介绍接手并改组《时代日报》，任总编辑兼总主笔，主张"巩固统一，抗战到底；法治科工（科学与工业），富国强兵"。国难当头；胡秋原手无斧柯，只有如椽之笔，他抱定书生论政的信念，以文章报国。汉口时期，胡秋原所撰写的文章，主要是评论战局及国际形势。战场上的进退胜败，国际上的纵横捭阖，都在他的文章里得到了反映。胡秋原笔耕不辍，本着"巩固统一，抗战到底"的宗旨，撰写了大量社论和时评。这些社论后来集印成册，共八大集：《时代日报社论第一集：统一与抗战》《时代日报社论第二集：肃奸与惩贪》《时代日报社论第三集：世风与学风》《时代日报社论第四集：战局与欧局》《时代日报社论第五集：兴党与建国》《时代日报社论第六集：雪耻与兵役》《时代日报社论第七、八集合刊：国防与经济，道德与科学》。同时，胡秋原也在《时代日报》副刊上发表连载文章讨论建国的问题，后来也印成两三本小册子。首先印出的是《抗战建国根本问题》，此书是对《抗战建国刍议》一书的扩充。此外，胡秋原又在《时代日报》上撰文提倡"纯民族主义"，撰写了《中国革命根本问题》，此书是莫斯科时期所写《抗日就是一切，一切归于抗日》一文的扩充。此时，胡秋原也开始关注抗战建国与复兴中国文化的关系问题，认为应该将二者统一起来，而系统研究中国文化的起源、发展与衰落的演化过程，是复兴中国文化的前提。

汉口时期，胡秋原除担任《时代日报》主编外，也参与"世界和平运动大会中国分会"的工作，这一组织后改名为"反侵略大会中国分会"。1938年3月下旬，"中华全国文艺界抗敌协会"在汉口成立，他被选为理事之一。1938年5月，著名报人成舍我（1898~1991）突然来到《时代日报》拜访胡秋原，拟将全套办报机器以低廉的价格出让给他。就这样，胡秋原购得了先进的印报机器一套，从此报纸印刷质量大为改进。成舍我一生参与创办媒体、刊物近二十家，直接创办十二家，并创办了世界新闻职业学校（现名世新大学），在中国新闻史上享有很高声望与影响。7月间，日寇逼近武汉，形势越发严峻。1938年7月底，《时代日报》不得不宣布休刊。

1938年8月上旬，胡秋原由汉口抵达重庆。8月底，胡秋原撰写了一篇题为《民生主义是资本主义》的文章，发表于《时事新报》。这篇文章引起了各方的关注，其后还引发了一场不大不小的有关资本主义与社会主义的论战。1938年年底，时代日报社的印刷机器运到重庆，胡秋原开办"时代日报印刷出版社"，出版《祖国》周刊，后改月刊。1940年6月中旬，在日寇空袭中，一枚炸弹击中"时代日报印刷所"，后迁址别处，又转租他人。1944年，胡秋原将印刷机器出售，《祖国》停刊，几经周折之后，印刷所最终还是没有逃过倒闭的命运。1939年1月，国防最高委员会设立，张群（1889～1991）为秘书长，胡秋原任秘书。此外，胡秋原还出任国民外交协会会刊——《外交季刊》主编，并发表了《中国外交当前之限度与工作》《日本之命运》《苏德条约的观感》等重要文章。这一时期，胡秋原还发起每周一次的"学术讨论会"，在青年会大礼堂举行，常与任卓宣（1896～1990）辩论。其间，经叶楚伧（1887～1946）介绍，胡秋原重新加入国民党。1940年12月，胡秋原当选为第二届国民参政会参政员。1941年1月，皖南事变爆发，他将此前发表的有关国共问题的文章抽印成册，以《国共论》之名发行，主张实行宪政及军队属于国家。其后，民主党派人士也提出了类似的"军队国家化，政治民主化"的主张，一时间成为各方关注的焦点。1942年1月中旬至3月中旬，胡秋原代表国民参政会参加前线劳军团，到第四（两广）、第三（浙闽赣）战区慰劳前线将士，历时两个月，撰写了《上前线》十六篇，载于《扫荡报》副刊。

1944年，胡秋原得知熊十力先生住在北碚，前往拜候，以师礼相待。不久，胡秋原收到熊先生的来函，意思是希望胡秋原继承他的学问。虽然胡秋原一向对熊先生执弟子礼，但是自觉在思想上终有不同之处，因此复函熊先生，外附陈《述学上熊十力先生》，叙述自己的思想与渊源。熊十力又复信，赞其"通才"也。胡秋原终未成为熊先生的入室弟子。1945年1月中旬，胡秋原创办《民主政治》月刊，将其定性为自由主义的政治杂志，以实现民主中国为目的，讨论中国与国际政治及其有关问题。《民主政治》主张巩固统一，民主建国。在发刊词中，胡秋原指出：无统一不能保障民主，无民主不能保持统一，应在巩固统一、实行民主的条件下，将中国建设成为一个现代的工业国家；中国的兴衰，不是一党一派之事，也不是各党各派之事，而是全体国民之事。除写发刊词外，又在其创刊号上发表《召集国民大会以定国是、革新国民党以安国本》及《王阳明——中国第一个民主主义者》二文。1945年冬，在6、7期合刊《战后中国特辑》发行后，《民主政治》宣告停刊。1945年5月，胡秋原当选为国民党第六届候补中央委员。1945年7月，胡秋原得知《中苏友好同盟条约》的谈判，涉及外蒙古独立的问题，他为此忧心忡忡，心急如焚，乃奋笔疾书，写了一份备忘录呈于党政要人，却无果而终。8月5日，胡秋原撰写并散发了题为《参政员胡秋原对中苏谈判之声明》的传单，反对外蒙独立，被最高当局"免本兼各职"。胡秋原当时身兼四职：参政员、国民党中央候补委员、国防最高委员会秘书及《中央日报》副总主笔。前两者皆不能免职，后两职他已申请辞职。

重庆时期，胡秋原投身于现实政治，但毕竟是以一介书生问政，以文章报国，学术成果迭出。就思想历程而言，重庆时期是胡秋原学术思想发展的第二个阶段，即"新自由主义的文化史观"时期。胡秋原在这一时期撰写了大量有关哲学、历史、文化的学术著作，而且他将历史、文化的研究与建国理论、对外关系的探讨联系起来，真可谓"通古今之变，成一家之言"。在文化上，胡秋原有感于百年以来的传统派、西化派与俄化派的分化，主张新文化建设就是新中国建设的理论根据。1938年年底，胡秋原撰写《中国文化复兴论》一文，对这一思想予以系统地阐述。在这篇文章中，胡秋原主张新的中国必是一个独立的、工业化的国家。建立新中国文化，与文化复兴是同一意义，绝不是旧文化之复活，也不是所谓的"全盘西化"，或"苏维埃式的文明"，必须是"中国人的新创造，为中国之进步，表现中国之特点的现代文明"。在形式上，是民族的；在内容上，是科学的。谈到文化创新，必然要涉及中西文化的比较。关于中西文化问题，胡秋原于1939年撰写了《中西文化论》一文，主张：物质文明与精神文明不可分，中国固有文化之光辉不专在精神方面，西方现代文化价值并不专在物质方面；中国物质文明过去在他国之前，不过18世纪以后，西方进入机械时代，中国还处在手工时代而已；人类文化是人类性能之创造，所以中西文化并无根本上之差异。认为今后中国文化的出路，应当在固有传统的基础上创造自己的新文化。在晚年，胡秋原曾于《八十年来——我的思想之来源与若干心得》中谈到20年代末至40年代初他的读书经历以及文化观之形成：

> 在过去九年间（指1928年至1937年），我看的书，大多是西人著作。在日本时期，也是看西方人著作之日译本，日人自著之书很少。在上海两年，除因"社会史论战"看廿四史《货殖传》《食货志》和三

通外，也还是以西人之书为多。抗战以后，中外交通被日人封锁，我只有看中国书，而也是有系统的看经史子集的。我愈读中国书，我愈感到中西文化在基本原理上是相同的，因为人性是相同的，而且都是自由思想之结果。不过因环境不同，有发展之迟速，即不平衡，也各有特殊成就；但以精神物质判别东西文化则是绝对错误，因文化总是包含精神与物质。

在历史哲学方面，胡秋原在莫斯科时期就已经具有了"新自由主义的文化史观"的初步构想，并撰写了《〈宇宙辞书〉序文》。重庆时期，胡秋原将这一理论构想付诸文字，在《祖国》上分期发表。《历史哲学概论》即是将这些文章汇集，并加以补充而编辑成书的，并于1940年由重庆建国印书馆印行。《历史哲学概论》在比较各种历史理论对历史的解释以后，以文化人类学、文化社会学来解释历史；又以民族代替马克思所论之阶级，以自由代替马克思所言之斗争，以技术代替马克思之生产力，以制度代替马克思之生产关系，以文化创造力之解放代替马克思之生产力之解放，并废除其五阶段说而代以政治、经济、思想之多线进化。胡秋原的文化史观以思想为历史之动力，正因为历史有人力作用存乎其间，所以历史的发展只能有一般趋势，不能有必然法则。1943年9月，胡秋原又将讨论中西文化及中国文化的前途、世界文化的得失与改造的文章，编辑成《中西文化与文化复兴》一书，由时代日报出版社出版。除了《中国文化复兴论》《中西文化论》外，还收录了其他十二篇文章。总的来说，这本书主张人类史即文化史，大体上认为古代中、西并驾齐驱，中世中国领先西方，近世初期（明代初期）中国依然领先，中国的落后大约是一千六百年以后之事。对这一现象，在"中国社会史论战"时期，胡秋原曾以因游牧民族的三次入侵而造成中国的衰退予以解释;《中西文化与文化复兴》则认为嘉靖闭关是一大关键因素。

在文艺方面,1944年胡秋原又将有关美与艺术、文学的文章结集,在重庆文风书局出版《民族文学论》。胡秋原主张美是一种想象的快感,由人对生命生活的兴趣而产生,艺术是想象的创造,文学是语言文字的艺术,在内容上表现一个民族生活的悲欢和愿望,而在形式上必须发挥一个民族的语言文字的特色。因此,中国文学绝不可模仿西方人或苏俄的文学。他所谓民族文学,也即"国民文学",也即雅俗共赏文学,不应有新旧之分。这与过去国民党提倡的"民族文学"是不同的。关于当时的政治经济改革和战后建国问题,胡秋原亦发表了许多论文、专著,并在参政会中提交相关提案。这类著作除了前面提到过的《抗战建国根本问题》《中国革命根本问题》外,胡秋原还撰写了《国策之原理:三民主义理论与实行》(重庆时代日报社1941年出版)一书。此外,胡秋原还出版了《近百年来中外关系》,由重庆中国文化服务社于1943年发行。该书认为近代中国在对外关系中的被动地位,是由帝国主义侵略扩张的本性与中国自身的愚弱共同造成的。另外,胡秋原还将发表在《祖国》与《民主政治》上的哲学方面的文章,汇编成《新自由主义论》一书,并于1948年由上海民主政治社出版。《新自由主义论》主张将乐利、功效与自由、道德同义,不过将"最大多数最大幸福"加上"最长久"的条件。

1945年8月14日,国民党政府最终还是与苏联政府签订了《中苏友好同盟条约》。中苏条约的签订对胡秋原有非常大的触动,不仅导致他对现实主义的强烈批判,而且促使了其思想的又一次转变,胡秋原对"新自由主义的文化史观"作了重大的修正,并放弃了这一名称,改称"理论历史学"。胡秋原痛感中国人为帝国主义者所操弄，而其病根在于丧失理想，堕入现实主义。在不久之后的《与钱纳水公开信》（刊于《民主政治》6、7 期合刊《战后中国特辑》）中，胡秋原指出国人已丧失理想，堕入现实主义。他认为，现实主义在国际上表现为强权主义，在政治上表现为官僚主义，在经济上表现为投降主义，在社会上表现为市侩主义。现实主义发展到极端便成为各种各样的虚无主义、玩世主义。因此，他主张中国需要一次精神革命，以反对现实主义。此前，胡秋原在哲学上倾向于实证主义。而在中苏条约事件冲击之后，胡秋原认为实证主义也是现实主义，因此他放弃实证主义而转向康德哲学与胡塞尔现象学。在方法论上，胡秋原认为社会科学与自然科学不同，必须用历史的方法并作价值判断。而且，自抗战归国以来所主张的必须超越西化、俄化的意识形态，求中国自己应有的出路的信仰，也得到了加强。同时，胡秋原已无意于现实政治，他准备组织"民主政治学会"，从事思想运动，并打算返回黄陂，恢复前川中学，从中等教育做起，培植一批新式人才。1945 年9 月下旬，陈训念（1907~1972）邀胡秋原出任《申报》主笔，胡秋原婉拒。

第5章

学术与政治之间

书生问政

1946年1月，胡秋原回到黄陂恢复前川中学，出任校长。因黄陂前川校舍破坏严重，来不及修缮，后经人援助，决定2月下旬先在滠口开学，待黄陂校舍修葺完毕后，滠口校区定为高中部，黄陂校区定为初中部。其间，胡秋原赴上海为学校购置图书仪器，拜会陈训悆、舒新城（1893~1960）等人。2月底，胡秋原飞抵重庆，3月上旬出席国民党六届二中全会，后又出席第四届国民参政会，4月返回汉口。其后，胡秋原曾赴南京，参加余井塘（1896~1985）倡导的国民党党政革新运动，不久又回到汉口。1946年夏，黄陂校舍业已修复，后学校与黄陂县政府发生校舍的纠纷，几经周折，方告平息。其后，胡康民、胡秋原父子一同赴南京处理此事。事毕，胡秋原又陪父亲游览上海、杭州大约一个月的时间。在送父亲返回汉口之后，胡秋原到南京出席11月中旬举行的制宪国民大会。

国民大会闭幕时，前《中央日报》社长胡健中（1906~

1993）前来看望胡秋原，邀请胡秋原出任由其主持的《东南日报》总主笔，当时《东南日报》已迁至上海。他欣然允诺，并于1947年年初赴上海《东南日报》就职。同时，马树礼（1909~2006）的《前线日报》也迁到上海，聘请钱纳水为总主笔，《时事新报》迁到上海后，仍聘请薛农山为总主笔，这两份报也都力邀胡秋原撰文。不久，胡秋原被上海暨南大学聘为教授，主讲国际问题；又被复旦大学聘为教授，讲授西洋哲学史。其间，胡秋原还与陈霆锐（1891~1976）、端木恺（1903~1987）、钱纳水（1892~1974）等共同发起"和平运动"。这一运动的目的在于汇集民众的力量，达成公正与和平，避免外国势力的干涉。"和平运动"曾集会多次，声势日渐浩大。1947年3月，胡秋原仍致力于"和平运动"，反对国际干涉。此外，他还主张在宪法颁布后，人权应该得到保障，政党之间合法竞争。其间，胡秋原撰写了《中产阶级与中国命运》一文，指出中产阶级是国家中坚，如果战争持续下去，定会毁灭中产阶级。到了4月，"和平运动"的声势更大了，乃至引起了美国新闻界的关注。正当"和平运动"逐渐形成一股巨大舆论力量之时，国民党高层却出面阻挠，并已准备"动员戡乱"，彻底关闭和平的大门。胡秋原长居上海期间，曾于2月初短暂回到黄陂，探视父亲胡康民，并主持前川中学高、初中的开学典礼；3月赴南京出席中国国民党六届三中全会；其后又于5、6月间奔赴南京，出席第四届国民参政会第三次大会。

1947年6月，胡秋原向胡健中请辞，应罗贡华之邀前往南京。此时，国民党政府决定在1947年年底举行国大代表与立法委员的选举，胡秋原与罗贡华合力奔走，试图团结一部分CC派与黄埔系以外的国民党派别，以及国共两党之外的学术界、著作界人士，组建"民主政治学会"，在新的立法院与政府机关进行一次改革运动。正当"民主政治学会"开始筹备时，国民党政府于1947年7月宣布进入"动员戡乱时期"，此前国共谈判已完全破裂。但在1947年下半年，胡秋原仍在为"民主政治学会"多方奔走，并未放弃对民主的尝试。在这一时期，他置身朝市间，但在政治活动之余，仍然写成《经学与理学》《思想、道德、政治》二书。前者是一部中国思想史，主张无论是从科学，还是从民主的视角来看，中国学术发展虽然缓慢，但还是逐渐进步的。汉代独尊儒术，但学术仍在发展。清代是一个反刍的时代，而非所谓的"文艺复兴"。近代中国文化的危机发生在西力东来之后。这时，胡秋原已经预感到国民党政府将要崩溃，因此撰写《思想、道德、政治》一书。此书是为青年们写的，希望他们在虚无主义的空气中保持理想，不要丧失民族自尊心、自信心。1947年12月底，胡秋原被推举为湖北省第二区国民党籍立法委员候选人，不久后他回到家乡参加竞选，并于1948年1月底当选。1948年春，胡秋原俟前川中学开学后回到南京。到1948年5月，经过胡秋原的不懈努力，"民主政治学会"已颇具规模，在行宪后第一届"立法委员"集会时期，"立法委员"中有一百五十多人是"民主政治学会"的会员，但终因对立法院副院长人选意见不一致而宣告解散。此事触发了胡秋原对中国民主宪政的进一步思考，他认识到中国知识分子要团结起来，在议会中形成政治力量，推动民主政治，并无可能。

1948年8月，国民党为了挽救其财政经济危机，维持日益扩大的内战军费开支，决定废弃法币，发行金圆券，结果造成了空前的通货膨胀，导致经济、金融秩序濒临全面崩溃。9月间，胡秋原曾一度在立法院提出临时动议，检讨时局，批评政府。11月上旬，胡秋原又邀约立法委员黄建中、费希平、钱纳水共同发表对当前时局的主张，谏言献策。但是，胡秋原的努力并不能挽救国民党的颓势。1948 年冬，中国人民解放军发动战略决战。历经辽沈战役、平津战役、淮海战役三大战役后，国民党军队实力快速缩减，节节败退。在人民解放军的强大打击下，到 1948 年年底，蒋介石的军事力量已日暮穷途。美国政府已对蒋介石失去信心，并对蒋介石施加压力，逼蒋下台。国民党内部的争斗也日趋激烈。在这山雨欲来的时期，为了避免卷入政治旋涡，胡秋原于 1948 年年末离开南京，回到汉口。1949 年年初，胡秋原抵达上海，后又至杭州、南昌、长沙，了解到国民党政府已处在土崩瓦解的边缘，并于 1 月中旬回到汉口。不久，湖南省政府主席陈潜曾邀胡秋原出面，在国共两党之外，另立一个新的党派，终为胡秋原婉拒。1949 年农历年过后，前川中学开学，胡秋原主讲高中"国学概论"。1949 年 5 月中旬，汉口、武昌、汉阳相继解放。1949 年 6 月下旬，胡秋原由汉口，经岳州（岳阳）抵达长沙，并于 7 月下旬经衡阳，抵达广州。此时《香港时报》正准备在 8 月初创刊，社长许孝炎来电聘请胡秋原为主笔。胡秋原随即来到香港。

胡秋原起初对是否离开大陆颇为犹豫，虽然他身为国民党"立法委员"，但他一贯以"自由人""自由的知识阶层"自居，与国民党权力核心的步调并非完全一致。从他参与福建事变反蒋抗日，到反对《中苏友好同盟条约》的签订，以至于解放战争时期提倡"和平运动"、组织"民主政治学会"等举动中不难看出，他向来不囿于政党派系，历来对国民党有所批评。同时，胡秋原在早年钟情马克思主义，并与共产党有过良好的关系，曾应王明的邀请，在苏联协助编辑《救国时报》与《全民月刊》，因此又与共产党若即若离。正如胡秋原自己所言，在国民党势力最盛之时，他为国民党之敌，而且自始至终从未完全赞成国民党；在共产党势力弱小之时，他为共产党之友，并且打算在新中国成立后做共产党之百姓。因此，他说自己离开大陆，"根本不是国民党与共产党之问题也"。但是，号称"自由中国"的台湾也绝非自由之地，胡秋原也始终未得到国民党权力核心的信任，特别是在两岸政治气氛异常紧张、意识形态尖锐对立的年代，他"自由人"的立场，一再的"政治不正确"，特别是与共产党若即若离的关系，变成了令人心惊胆战的"红帽子"扣在他头上，似乎成了永远也洗脱不掉的原罪，他不得不一再地面对那些对他左翼言行的拷问、清算乃至审判。

从香港到台湾

《香港时报》为胡秋原提供了一个气氛融洽、友好宽松的工作环境。社长许孝炎、总主笔雷啸岑是胡秋原的故交，总编辑李秋生，主笔黄震遐、黎晋伟等都曾与胡秋原有过交往。他在《香港时报》上发表社论，讨论时势与思想问题。1949 年 11 月，胡秋原离开了《香港时报》，一度以经营洗衣店和养猪维持生计。其间，胡秋原在卜少夫（1909~2000）主持的《新闻天地》发表了几篇文章。这时恰逢徐复观（1903~1982）也来到香港，创办了《民主评论》杂志，胡秋原也应邀撰文、译文。这一时期，他只身在香港，茕茕孑立，形影相吊，既有对家人的思念，也有对天下国家的悲悯。凄凉与沉痛之余，他或手不释卷，或奋笔疾书。他不仅研读了逻辑实证主义的著作，将其看成科学的虚无主义；也关注现象学，但认为存在主义与逻辑实证论一样都是西方哲学危机的标志；他重视文化社会学，珍视社会学的方法论；同时，他还阅读了汤因比的《历史研究》。

1950 年 3 月底，胡秋原以"尤治平"之名，在《民主评论》发表了题为《中国之悲剧》的长文。在这篇文章中，胡秋原详尽分析了知识分子道统崩塌的问题。徐复观对此文甚为感佩，海外的读者也纷纷致信民主评论社，询问尤治平究竟为何人。其后，徐复观将此文印成单行本，并请胡秋原撰写序文，又请陈石孚教授将其翻译成英文，影响颇大。其后，胡秋原又应王云五的邀请，翻译了《二十世纪哲学》（罗素著）、《美国实用主义的发展》（杜威著），由香港华国出版社出版。其间，于 1950 年春节前后，胡康民离开汉口，经粤汉路辗转来到九龙。1950 年 4 月初，敬幼如也携带四名子女一同抵达九龙。5 月初，胡秋原只身飞抵台湾，暂居钱纳水寓所。在观察并研究了台湾的现状之后，胡秋原于 5 月中旬在《"中央日报"》发表了《我看台湾》一文，6 月又发表了有关对马海峡局势的文章。不久，他仍回到香港，受《香港时报》之邀，再任主笔，并为其主编《七日世界》。居香港期间，共产党方面曾来人、来函邀请胡秋原返回大陆，均遭婉拒。

1950 年冬，胡秋原举家迁台，先住台北县（现新北市）新店青年会；接着曾短暂卜居于青潭附近的一幢小屋中；其后又在景美半山上仙迹岩处，买地开山，营造新居，于右任先生为之赐墨——"龙蟠虎踞，月朗风清"，自此全家才得以安定下来。1956 年，胡秋原一家又迁至景美万庆街。

抵台后不久，胡秋原就应中华文化事业出版会的邀请，撰写了有关中苏关系的论著；同时也应台湾当局的委托，翻译了共产国际第六次代表大会文件。1951 年 3 月，王云五、成舍我等共同创办《自由人》（三日刊），胡秋原也是发起人及撰稿人之一。1951 年年末，《香港时报》又邀请胡秋原赴港任主笔，并主持《七日春秋》。他因此再次来到香港，但在 1952 年春返台，其后改为邮寄稿件至香港。此外，他还担任了国民党主办的《今日大陆》的名义发行人。

自 1950 年到 1952 年这三年之中，是胡秋原写文章最多的一段时期，伏案写作占据了他绝大部分时间。探讨中国文化与世界文化之前途，是胡秋原学术研究的起点与归宿。就其思想发展的历程而言，胡秋原在 20 世纪 30 年代初期，主张"自由主义的马克思主义"或"马克思主义的自由主义"；游历欧美，特别是苏联之后，胡秋原思想一变，创立"新自由主义的文化史观"。此后的抗日战争、雅尔塔密约、中苏条约、战后的世界与中国的发展趋势，以及他在香港的阅读经历，使他大受影响，因此在思想上又有了新的变化，他对"新自由主义的文化史观"加以补充和修正，创立了"理论历史学"。1952 年，胡秋原在香港时，基于过去所写的《经学与理学》，出版了《中国文化之前途》一书。后来胡秋原决定根据"理论历史学"，撰写一部《中国文化与学者之精神》。此时黄震遐任亚洲出版社总编辑，极力鼓励他完成此书，并答应出版。朱云影又建议将其改名为《中国文化与中国知识分子》。胡秋原撰写此书的目的，是以一部中国通史的形式，说明中国文化在世界上长期的光荣地位，并探析近代以来中国文化衰败的原因，借此指明中国文化的复兴之道。胡秋原认为过去对中国历史的研究，往往注重政治，而政治又多注重帝王，也就是说将帝王将相看成历史的主体。其实国家的实力源自文化，而知识分子才是文化创造的担当者。而且，道统高于政统的传统，是中国文化的一大特色。在胡秋原看来，中国历史应以道统为主体，而非以政统为主体。他着眼于对传统政治结构中道统与政统相互关系的分析，所强调的是承载道统的士人知识分子对现实政治权力的批判与限制。毋宁说，中国知识分子才是中国历史的真正主人。

　　不幸的是，就在胡秋原专心撰写此书之际，其父康民公竟一病不起，多方治疗却不见好转，于1953年5月仙逝。居丧期间，胡秋原足不出户，终日独坐书房，唯有写作以缓解悲痛。在这期间，胡秋原完成了《中国文化与中国知识分子》古代篇，即《古代中国文化与中国知识分子》。正如《亚洲出版社编者介绍词》所言："此书就形式言，是一部中国通史的古代篇；就内容言，是一部古代中国文化史———一部以中国知识分子的精神活动与创造活力为中心主体的旧史识，而包括了中国一个民族的历史，使中国史隐然为东洋史之重镇；就研究方法言，则是一部比较文化史。作者运用了'同时比较法'，比较东西两方在同一的年代中，有关科学、哲学与文学之水准的高低，证明'大汉风文化'，不仅媲美'希腊风文化'，且超过之。"1954年，胡秋原曾在台湾省立师范学院教育研究所讲授西洋哲学史。1955年，因于右任的一再敦促，胡秋原将未单独印行成书的文章结集出版，即《世纪中文录》。《古代中国文化与中国知识分子》一书分上、下两册，分别于1956年1月、6月，由香港亚洲出版社出版，一时传诵士林。此书先后在港台地区四版六印，久为学界推崇。2010年，北京中华书局再次重版此书，在大陆首次发行。《中国文化与中国知识分子》古代篇出版后不久，时任台湾"中央研究院"院长的朱家骅对此书颇为欣赏，故聘请胡秋原到"中研院"近代史研究所任兼职研究员，主编《近代中国对西方列强认识资料汇编》。同时，胡秋原又应黄震遐之邀，撰写《中国英雄传》，此书分为上、中、下三册，仍由亚洲出版社出版，至1959年出齐。这期间，成舍我创办世界新闻专科学校，胡秋原应邀授课，讲授现代世界史与思想自由史。

1957 年，胡秋原出任台湾"联合国中国代表团顾问"，在美国停留三个月，其后又游览了欧洲、亚洲二十多个国家。在英国期间，胡秋原曾与共产党方面的一位旧识相约晤谈两次，实为老友叙旧，间或谈及对中国问题的看法。就在胡秋原返抵台湾之际，有关胡秋原与中共人士接触的事情，已经炒得沸沸扬扬。1958 年，国民党当局因《自由中国》半月刊，而对言论出版自由产生疑虑，拟加紧控制，而有"内政部"送"立法院"审议之《出版法条文修正案草案》。身为"立法委员"的胡秋原，为坚持言论出版自由，在"立法院"提出以《天经地义背之不祥》为题的质询，表示反对，捍卫言论出版自由，继续坚持"自由知识阶层"的思想。为此，他还辑有《言论自由在中国历史上》，证明中国民主传统与历史俱来。在这之后，有关胡秋原在伦敦与中共人士接触的说法，再次被人提及，并惊动了国民党高层，气氛异常紧张。这一流言后经调查不实，才免于白色恐怖，但是胡秋原仍受到了停止党权两个月的处分。1959 年，胡秋原收集少作，出版《少作收残集》上卷。1960 年"雷震案"发生，在草木皆兵的紧张时刻，胡秋原与成舍我再度仗义执言，基于言论自由之义，联名发表声明，呼吁勿以军法审判雷震，以免伤害言论自由、出版自由、讲学自由及新闻自由，表现出"虽千万人吾往矣"的气概，再一次地"政治不正确"。此外，胡秋原又应《民族晚报》之邀，发表《同舟共济》系列文章，主张尊重台湾本省人的历史地位，共策中国人的民族主义，并于翌年结集出版，一时洛阳纸贵。

"中西文化论战"

20 世纪 50 年代初，萧孟能（1920~2004）在台北创办文星书店。其后，他又决定在书店业务之外办一份人文性的杂志，与书店双轨并进。1957年11月，标榜"不按牌理出牌"的《文星》杂志创刊，由叶明勋（1913~2009）担任发行人，萧孟能亲任社长。《文星》杂志至1965年12月停刊，前后八年共出九十八期，是文星书店麾下的一面旗帜。创刊之际，《文星》以"文学的、艺术的、生活的"为宗旨，1959年将其改为"思想的、生活的、艺术的"，是一个侧重学术文化的综合性月刊。《文星》杂志创刊之初，胡秋原本是热心的支持者与撰稿者，他自印的《少作收残集》《同舟共济》等也都交由《文星》经售。

"中西文化论战"是由胡适在1961年11月的一次演讲引发的。1961年11月6日，在美国国际开发总署主办的"亚东区科学教育会议"（台北）上，胡适应邀发表题为 *Social Changes Necessary for the Growth of Science*（《科学发展所需要的社会改革》）的演讲。不久，这篇英文演讲稿被译成汉语，刊登在1961年12月份的《文星》杂志上。其实，胡适在这篇文章中的主张不过是老调重弹。其主旨是批判东方人凭借精神文明夜郎自大的观念。胡适认为应该破除一种根深蒂固的成见，即以为西方的物质文明虽然占了先，但是东方人还可以凭借优越的精神文明自傲。因此，胡适强调为了给科学发展铺平道路，必须对西方文明重新作出冷静客观的估量。《文星》发表这篇文章后，引起了港台一些学者的批评责难。徐复观随即在《民主评论》上发表了《中国人的耻辱，东方人的耻辱》，斥责胡适"以一切下流的辞句，来诬蔑中国文化，诬蔑东方文化，我应当向中国人，向东方人宣布出来，胡博士之担任"中央研究院"院长，是中国人的耻辱，是东方人的耻辱"。

胡秋原起初并未关注这个老生常谈的话题，只是《文星》

的编辑陈立峰一再邀请他参加讨论，他才同意发表文章。胡秋原撰写了一篇长文——《超越传统派、西化派、俄化派而前进》，发表在《文星》杂志第 51 期（1962 年 1 月）上。在这篇文章中，胡秋原不仅批判了西化派，同时也反对传统派和俄化派。胡秋原认为："文化是人性人力之创造。人性人力本质相同，故文化本质相同。而亦因此，人类文化是人类共有财产。其所以表现不同者，一由外部环境之不同，二由发展及其正常与否。中西文化无根本不同。迄今为止，中、西、俄三派所说中西文化根本不同，以及西洋学者所说根本不同，无一经得起批评。"《超越传统派、西化派、俄化派而前进》是一篇"精神独立宣言"。所谓的"超越"是要从门户之争中解放出来，研究古今中外之学以为我所用，独立地创造新中国的新文化，使瓦解而分裂的中国重新融合而统一。

1962 年 2 月，李敖在《文星》第 52 期上发表了题为《给谈中西文化的人看看病》的文章，集中表达了他的中西文化观——全盘否定传统文化和全盘西化。此文一出，导致了文化论战的全面展开。在这篇文章中，李敖给胡秋原的观点冠以"超越前进病"之名，并将他定位成"传统派"中的一个流派，认为其实质仍是以传统文化为本位。胡秋原立即撰写了一篇长达六万多字的文章进行反驳。这篇题为《由精神独立到新文化之创造——再论超越前进》的文章，发表在《文星》杂志第 53 期（1962 年 3 月）上。胡秋原首先对传统派、西化派、俄化派三种门户主义进行了更为深入的分析和批判，接着又详尽阐述了"超越论之根据、主张及其目标"，最后对李敖的全盘西化论进行了反驳。

不久，李敖又撰写了《我要继续给人看看病》一文，发表在《文星》杂志第 54 期（1962 年 4 月）上。同期还有其他一些西化派人物——居浩然、许登源、洪成完等人的论辩文章。这一期的《文星》杂志几乎成了反胡秋原与徐复观的专号，其中四篇围攻胡秋原，三篇围攻徐复观。即使徐道邻的一封短信，也遭受无情的批判。胡秋原也得到了徐复观、郑学稼、任卓宣等人的声援，他们以《民主评论》《政治评论》《世界评论》为主要阵地。论战发展至此，不仅规模扩大，形式也变得多样，除了撰写论辩文章，还召开相关的座谈会。此后，胡秋原转移阵地，离开《文星》杂志，转到《世界评论》上撰文予以反击。1962 年 5 月到 6 月，他连续在《世界评论》上撰写《文化问题无战事》（上、中、下），反击《文星》杂志的围攻、谩骂。

1962 年 7 月，居浩然在《文星》第 57 期上发表《从门德雷夫的周期表说起》一文。在这篇文章中，居浩然不仅对胡秋原冷嘲热讽，挖苦他"既无足够的基本知识，又缺少良好的基本训练"，讽刺他"信口胡言，不知所云"，奚落他"在二次大战后做过七美元一天的观光客，但没有进入大学之门"，如此等等，不一而足，极尽揶揄、刻薄之能事；又对在上一期撰文以期"弥兵停战"的梁容若与黄宝实破口大骂，说前者是"乡愿"，称后者是"活死人"，说"因为这种人已无精神生命"，自己倒要看看"这活死人受了我的恶骂有什么反应：若是不能忍辱，则自打嘴巴；假使忍辱布施，那是死定了，则以入土为安，今后免开尊口"。整篇文章充斥着恶毒的谩骂和攻讦，远远超过了学术讨论应有的道德底线，让人很难想象其作者竟是出身名门，并且受过多年西方高等教育的学者居浩然（居浩然是国民党元老居正之子，其名为孙中山所起）。到了 1962 年 9 月，文化论战终于演变成政治清算与人身攻击，以致对簿公堂，文化问题最终变成了与之性质迥异的法律问题。在《文星》第 59 期（1962 年 9 月出版）中，居浩然以读者来信的形式，挑起"闽变"话题。他在信中说："站在中华民国的立场，'闽变'乃是与虎谋皮的反动行为，参加的分子都是投机取巧的败类。"在白色恐怖的年代，"闽变"是唯恐避之不及的烫手山芋，居浩然故意挑动这根敏感的神经，虽未直接点出胡秋原之名，但欲陷胡于难堪之心路人皆知。

胡秋原随即发表《维护讨论原则、学界尊严》一文，刊于 1962 年 9 月 19 日《世界评论》上。他主张："学术问题（实在说不上），事实问题，辩论解决；我要用我的笔将有关之事说清楚。法律问题，法律解决。人身攻击，特别是由讨论问题转到人身攻击，在文明社会不但是认为道德上可耻，而在法律上是犯刑事罪的。但我们一向不大重视这种行为。为了我自己，为了社会与文化界之安全与清洁，我准备诉诸司法的和立法的途径，看看我们的社会是否愿长人身攻击和送'红帽子'的诬陷之风。"在文章结尾处，胡秋原声明此后对于李敖等人的任何"文化""学术"的"辩论"概不答复，并请调查机关对政治诬告作彻底调查，且看法律如何处置。此外，他又公开发表《胡秋原抵抗诽谤之"九一八"声明》，提出"学术问题，讨论解决。诽谤问题，法律解决"。

但是，李敖等人依然我行我素，不依不饶，在 1962 年 10 月号《文星》（第 60 期）杂志上，继续发表《胡秋原的真面目》（李敖）、《澄清对"人身攻击"的误解》（李敖）、《谈"人身攻击"》（许登源）等文章，同时在"旧文重刊"中刊出关于"闽变真相"的史料五篇，对胡秋原实施政治清算。胡秋原不得不"为反对诽谤与乱戴红帽而奋斗"，1962 年 10 月 3 日，他在台北"立法院"举行记者会，谈到对《文星》及李敖的八次忠告不但无用，而且他们的诽谤、恐吓反而愈演愈烈。

不久，胡秋原正式到台北地方法院，以诽谤罪对萧孟能、李敖二人提出控告。一场文化论辩，最终演变成了一场长达四十余年的法律诉讼。论战发生二十多年后，胡秋原在《三十三年来笔舌生活纪要》中写道："当时《文星》歌诵一人，谩骂一世而无人抵抗，只有我抵抗，于是他们以我为对象了。五六月间，我借《世界评论》答复他们。我说'文化问题无战事'，指出他们的理论、知识，乃至对英文术语之误解。他们恼羞成怒，到九月间，乃以三十年前闽变之事，给我戴红帽子，要'警总调查'我，并说我'一死不足蔽其辜'。我参加闽变是事实，这早无法律问题，而红帽子是唯一死刑之罪。这不是学术问题，而是法律问题。他们也戴郑学稼先生以红帽子，郑先生控之于法院。我则先由律师警告他们，并要他们道歉，他们不理。于是，在五十一年九月十八日，我宣布起诉，后与郑先生案合并审理。"平心而论，即使胡秋原面对的是李敖等人的连番围攻，但是只要论战保持在学术讨论的范围内，至少在理论上，任何问题都可以通过论辩加以解决。可是当论战演变为非理性的谩骂和肆无忌惮的人身攻击，乃至给对方扣上一顶要命的"红帽子"，被戴的一方又怎能坐以待毙？他唯有反击，甚至只能以同样的方式反击。因为在白色恐怖时期，"红帽子"足以置人于死地，因此当"红帽子"袭来，免于死亡之威胁便是头等大事，学术、思想不得不暂且放到一边。政治的威权压过了学问的是非。

这场诉讼耗费了胡秋原大量的时间和精力，有待完成的学术著作不得不一再延迟出版，有些甚至终生未能完成。他先后编辑出版的与之相关的书刊就有《在唐三藏与浮士德之间》《反对诽谤及乱戴红帽》《此风不可长》《诽谤集团公然煽动政治清算问题》《护法篇》《一个计划、一个谎言、一个劝告——

关于文化论战、文星讼案与殷海光台大解聘》等多种，《中华杂志》的创办也与之有关。正如胡先生之子胡卜凯在《胡秋原先生后传（1950~2005）》中所言："我认为父亲最大的损失，不是落到和李某这种人对簿公堂的境地，而是他浪费了几十年宝贵的时间和精力，不能专注在读书和著述，以致他老人家没有能完整地建立他在知识领域的观点或理论。这不只是他个人的损失，也是学术界的损失。父亲对我说，他和李某之间的讼案，并不是个人意气之争，而是为了捍卫人格和学问尊严。我认为人格和学问尊严的确应该维护和伸张；不过，也许可以在另一个层次，选另一位对手，用另一种方式来进行。"

第6章

《中华杂志》

《中华杂志》与民族主义

当"中西文化论战"由思想文化论战，演变成了人身攻击与政治清算时，胡秋原与《文星》的关系也由恶化走到决裂。他不得不转移阵地，先是借用《世界评论》作平台，反击西化派咄咄逼人的攻击。其后，胡秋原在友人沈云阶的资助下创办《中华杂志》。沈云阶（1908～1971）与胡秋原是黄陂同乡，也是前川中学的同学。抗战胜利后，沈云阶奉派赴台接收兵工器材，并接管南港橡胶厂，嗣后辞谢公职，创办中台橡胶厂，是著名实业家。《中华杂志》于1963年8月创刊，主张由学术探讨中国前途，呼吁全民族大团结，创造中国新文化。正如胡秋原所言："《中华杂志》创刊的目的，消极的固然是我需要自卫，积极的是要谋国家的复兴。简单地说，中华之目的是要探讨中国之前途，但这必须由学问，而不是由教条与意识形态出发，必须研究中国和世界历史，中国的需要、内外条件与世界形势。中华的文章特别要关怀大陆，放眼天下，不可只看台湾。"

《中华杂志》倡导人格、民族、学问三大尊严，坚持中国价值，反击"去中国化"的殖民心态，《中华杂志》前后持续了三十一年之久，成为民族主义重镇，影响了台湾一代的中国知识分子。如果说《自由中国》是中国自由主义者延续存在的主要象征，《民主评论》是港台第三代当代新儒家的重要思想舞台，那么《中华杂志》则是中国民族主义在台湾的主要阵地。由胡适担任发行人的《自由中国》杂志于1949年在台北创办，主要的编辑是雷震和殷海光。《民主评论》由徐复观于1949年在香港创办，是20世纪50至60年代台港地区当代新儒家的主要舆论阵地。从《中华杂志》创刊直至停刊一直负责最后编校的蔡天进，在《中华杂志》休刊专号中指出："《中华杂志》在保钓运动、'七七'纪念活动、反费正清的运动中扮演了主导的角色；《中华杂志》在乡土文学论战、美丽岛事件中扮演了保护的角色；《中华杂志》在近年来海峡两岸的交流上更扮演了鼓吹、先知先觉的角色；中国统一联盟因《中华杂志》而促成。这些事迹的精神是一贯，那就是促进民族团结，在历史上将是不可磨灭的贡献。"自20世纪60年代初开始，台湾就不断有反对民族主义的声浪。胡秋原坚持作为中国人的尊严，为中华民族"招魂"，论中国立国之正道，是中国民族主义的中流砥柱。

几十年以来，台湾有三股势力攻击民族主义：一为"台独"分子，二为西化派人士，三为反共者。在思想层面，日据时代以来，台湾皇民化思想根深蒂固，20世纪50年代后西化派思想又甚嚣尘上。在政治层面，《马关条约》签订之后，台湾先后经历了日本的殖民统治、国民党政府的威权体制。特殊的历史时空，导致台湾的"民族认同"陷入危机，"台独"运动气焰日盛。"台独"分子将"中国民族主义"与"台湾民族主义"对立起来，甚至主张"台湾民族主义"与日本帝国主义合作共荣。他们不承认自己是"中国人"或"汉人"，自称是"台湾民族"，主张"台湾民族主义"，反对"中国民族主义"。西化派人士或声称民族主义是义和团主义，或认为民族主义恶果甚多，如"我族中心主义""传统主义"等，会阻碍中国社会的进步。反共者指称主张民族主义的刊物《中华杂志》与《夏潮》为"左派"，倾向社会主义，期望中国统一，是最可怕的敌人。除以上三种台湾岛内的"反民族主义的怪声"外，还有一股国际的反华声浪，反对中国人的民族主义。他们奉行霸权主义与强权政治，或打"中国牌"，牺牲中国民族利益，或打"台湾牌"，以台湾牵制大陆，"以独制统"，试图永远分裂中国。《中华杂志》在创办伊始，即以提倡民族主义为己任。胡秋原先后在《中华杂志》上发表了《民族主义即国民主义，为今日所必需》（第5卷第5期，1967年5月）、《六义》（上、下）（分别刊于第5卷第11、12期，1967年11、12月）、《民族主义与豺狼、老鼠》（第15卷第11期，1977年11月）、《略评台湾三种反民族主义的怪声》（第17卷第11期，1979年11月）等重要文章，逐一驳斥了反民族主义的谬论，弘扬民族主义的正道。数十年间，《中华杂志》成为海内外中国人爱国思想言论的重镇。

在意识形态尖锐对立、白色恐怖肆虐横行的年代，胡秋原是第一个站在民族主义立场，声援大陆同胞的国民党高层人士。1969年3月，中苏边界爆发珍宝岛事件，胡秋原超越党派利益，站在民族和国家的立场，对大陆发表广播演讲——《珍宝岛事件与中国人民立场》（刊于《中华杂志》第7卷4月号），声援大陆同胞，支持政府保卫疆土，不可向苏联强权屈服，并倡导两岸举行统一谈判，一致对抗苏联。胡秋原认为，国共两党的问题是内政问题，应该和平解决；苏联侵犯中国领土是民族问题，而非政党问题，因此全民族必须团结起来，不分党派，自救救国。中国是六亿中国人之中国，因此应该成立全民政府，进行战斗，保卫国家。"这是一切中国人的立场，一切中国人的任务，一切中国人的出路。"此后，《中华杂志》不断呼吁两岸和平统一。1979 年 2 月 17 日，中国人民解放军边防部队在广西、云南边境地区被迫对越南侵略者发起自卫反击战。台湾舆论几乎一致地偏袒越南，唯有《中华杂志》站在民族的立场发表社论——《中越边境战争与中国再统一之机运》（第 17 卷 3 月号，1979 年 3 月），批评台湾国民党当局的立场不合民族大义，指出："只有中俄边境，中越边境，没有什么'匪俄边境''匪越边境'！"

胡秋原一贯坚持"自由知识阶层"的主张，我们不妨将胡秋原所主张的超越，看成对政治意识形态的超越，因为民族国家是"大于"且"先于"政治派别的。实际上，华夏民族的族群、文化的自觉意识确立甚早，可以远溯至先秦，这是不争的历史事实。只是在中国传统文化中，国家观念显得很平淡、薄弱，中国文化的理想是超越国家的疆界，行道于天下，因此有一个天下观念超乎国家观念之上。我们既不能武断地认为中国自古就没有"民族意识"，因此陷入民族虚无主义。当然，我们也不能简单地肯定中国本来就是一个历史的"民族国家"，当它迈入现代时，其"民族"与"民族主义"皆已粲然大备，不假外求。这种观点没有注意到西方在从前现代到现代的转变过程中也存在断裂。其实，在 18 世纪以前的西方，一般人要效忠的并不是国家，而是不同的社会组织和权威，如氏族、宗族、教会、城邦、封建主等，这些组织严格说起来常常不是

"政治性"的。在胡秋原看来，"夷夏之防""华夷之辩"的观念无疑是中国民族主义的最初表现；但是，中国近代衰败的根源正是政治性"民族意识"的缺乏，以及由此导致的强有力政治组织，即现代民族国家的无法建立。因此胡秋原主张将历史叙述与现代民族意识、民族认同的培育，及民族国家的建构结合起来。在文艺上，"民族"也是胡秋原的基本立场，在"乡土文学论战"中，他主张"中国人立场之复归"。

　　但是，《中华杂志》所主张的民族主义，绝非如"台独"分子所攻讦的那样是"大国沙文主义""大汉沙文主义"；胡秋原本人也并不是狭隘的民族主义者，更不是所谓的"中国沙文主义者""大中国沙文主义者"。实际上，胡秋原看到了近代欧洲民族主义的西方中心主义、扩张主义的性质，因此他强调民族主义必须和民主主义、自由主义结合起来。在胡秋原看来，裹挟着民族主义形式的沙文主义、帝国主义、种族主义、纳粹主义、国家主义都不是真正的民族主义。因此，当"乡土文学论战"与美丽岛事件发生时，他出面声援乡土文学与台湾本土人士，在他心目中有道义，有学术自由，有中华民族，却没有狭隘的"大汉沙文主义"。1977年"乡土文学论战"发生，当时的台湾主流文坛宣称"狼来了"，准备砍杀台湾乡土文学。胡秋原不仅将《中华杂志》作为乡土文学派的论战阵地，并与徐复观、郑学稼出面缓解，制止整肃风暴，在一定程度上维护了台湾乡土文学，而且他本人也撰写了《谈"人性"与"乡土"之类》（第15卷9月号，1977年9月）、《复某女士论风车之战与右派心理》（第16卷2月号，1978年2月）、《记胡秋原先生论"王文兴的 Nonsence 之 Sence"》（此文为胡秋原应夏潮杂志社之邀批评王文兴的录音稿，由苏青整理，刊于第16卷3月号，1978年3月）、《中国人立场之复归》（第16卷4、5

月号，1978年4、5月）等重要文章，反对文坛主流派欲以反共之名，并以文艺政策制止乡土文学，主张"中国人立场之复归"。陈映真曾这样评价胡秋原："作为一个士大夫，他的衣袖很单薄，他没有什么势力；可是他对官方、官厅所要抓的读书人，他总是用他的衣袖揽着。他这样的一种风范给我的启发非常大。"正是因为胡秋原、徐复观、郑学稼等人的声援，陈映真、尉天骢等乡土文学作家才免于牢狱之灾，此后他们也加入了《中华杂志》的团队，成了重要的编辑者和撰稿人。在胡秋原看来，乡土文学虽有地域色彩，但绝不是"去中国化"的、鼓吹"文学台独"的分离主义，而是国民文学的一种表现形式。

当1980年美丽岛事件发生时，台湾"党""政""军"以及"学"界，几乎一致认为应该严办事变人物，台湾一些本土人物也噤若寒蝉，唯恐避之不及，胡秋原又是唯一敢于挺身为美丽岛事件向当局进谏言者。他在《中华杂志》上发表题为《论高雄"美丽岛"暴力殴上宪警察事件》（第18卷元月号，1980年1月）的社论，反对省籍对立，倡导本省人与外省人的融合，并呼吁当局不可小不忍而乱大谋，劝当局宽大处理，不要制造更多仇恨。许多台湾本土人士为之感激，纷纷到胡秋原家中道谢。胡秋原主张的中国民族主义，绝非"大汉沙文主义"。在他看来，中华民族是多元一体的，虽然在融合的过程中有冲突，但是最终凝聚成一体，中国社会自古以来就不是封闭的，中国文化圈的逐渐扩大、中国民族的不断融合才是中国历史的实际状况。

也正是基于中国民族主义的立场，《中华杂志》一贯坚持一个中国的原则，旗帜鲜明地主张"两岸统一"，把反对任何形式的民族分裂视为自己义不容辞的历史责任，坚决反对"台独"、反对分裂、反对省籍对立。胡秋原曾说，《中华杂志》"其所以名曰'中华'，就是因为世界上有各种压力，想将我们的国号去掉。说明白一点，就是所谓'一个中国，一个台湾'的运动……这不是一件小事情。这不是一个名称问题，或者是政府的事情"。"台独"分子声称台湾不属于中国，台湾人不属于中华民族，甚至只能说是"福尔摩沙人"，"没有比这更荒谬绝伦之事"。"《中华杂志》的目的就是要保卫中华。"《中华杂志》主张由学术来探讨中国的前途问题，将促统一、反分裂的政治诉求建立在深厚的学理基础之上。《中华杂志》不仅系统地研究民族主义思想，全面地批判皇民化、全盘西化的谬论，堪称台湾的中国民族主义思潮的主要阵地，而且也是最早从理论上对"台独"作出深刻剖析的学术刊物。

在 20 世纪 80 年代中期，当民进党大肆鼓吹所谓"住民自决论"之际，《中华杂志》随即出版了"台湾自决独立问题专号"（第 25 卷第 5 期，1987 年 5 月），严正指出："本志维护中国之统一、独立、领土主权之完整，主张思想言论自由，政治与经济民主。因此，凡割让国土，进行内斗，尤其是依仗外力从事内斗者，一定反对。对任何人，任何党派皆如此。"并将"台湾住民自决"称为"A 型'台独'"。《中华杂志》第25 卷第 6 期（1987 年 6 月）接着又发表了《评〈"中央日报"〉与北美社会科学家协会之 B 型"台独"主义》的社论，将国民党内"革新保台"派的主张斥为"B 型'台独'"，其实质是"自我孤存于台湾的分离主义"，是一条自取灭亡的"国独路线"。1990 年 6 月，《中华杂志》（第 28 卷第 6 期）发表了《仍然落后在形式的后面——评李总统就职演说的大陆政策》《"独台""台独"都不是中国人的道路》两篇社论。前者分析了李登辉的"大陆政策"，指出他"没有打破'两个中国'

'一中一台'和'弹性外交'的'独台'框框，仍然落后在两岸形式的后面"。后者对台湾岛内外"独台"与"台独"作出了深刻的剖析，指出两者都不是中国人的道路。

驳费正清中国观

第二次世界大战之后，在美国全球化总体战略中，它所面临的最大的现实处境无疑是日益加剧的冷战对抗。因此，20世纪50年代以来美国的"中国研究"，直接或间接地影响了美国政界对中国的态度和看法以及美国对华政策的制定，可看作冷战思维模式下所谓"地区研究"的一部分，具有强烈的对策性与意识形态的色彩。哈佛大学教授费正清（1907~1991）的中国学研究，在很大程度上就是基于对当时美国的国家利益和现实政治的考虑。他所领导的"哈佛学派"主修"官方史"，使用的是官方资料，研究的是统治人物，反映的是美国官方的观点。在20世纪60年代中期特定的政治环境中，费正清的中国史论著在我国台湾思想界引起了极大的反弹。虽然这种反弹本身也具有强烈的政治色彩，但是胡秋原对费正清"东方社会论"的批判，并非肤浅的意识形态的论争，而是有着深刻的理论内涵。自1964年10月开始，胡秋原先后在《中华杂志》上发表了《评哈佛费正清教授之中国观》上、中、下三篇（分别刊于第2卷第10、11、12期，此文后与《东方社会论源流》合辑为《中西历史之理解》一书，由中华杂志社1966年出版），系统地批评了费正清的中国观。他不仅系统地清理了东方社会论的源流，而且基于对中、西历史的对勘，分析出了费正清中国学背后所隐藏的冷战思维模式及其为帝国主义和殖民主义辩护的本质。胡秋原并非为了反驳而反驳，实际上，他已进入了中国近代史开端的核心问题，不仅批判了一般意义上的西方中心模式，也纠正了内在发生模式的某些偏颇。他对费正清的反驳具有很高的学术价值。

"东方社会论"是近代欧洲描述中国历史惯用的概念，其历史渊源甚至可以追溯至17世纪，费正清在《中国沿海贸易与外交：1842—1854年条约口岸的开放》、《东亚：伟大的传统》（与赖肖尔合著）、《美国与中国》、《美国外交政策中的共产中国与台湾》等书中将"东方社会论"加以系统化。胡秋原对费正清的批评，主要涉及这四本书。费正清的"东方社会论"主张中国社会是与西方根本不同的"东方社会"，其特征是权威主义（authoritarian）和专制主义（despotism）。中国的家族制度，对夷狄的防御，孔子与法家的学说，科举制度所造成的"绅士阶级"（gentry class）则构成了东方社会的基本特征。费正清认为，东、西方社会存在着根本的不同，中国社会只有"传统内部的变化"，因此无法依靠自身而走上近代化的道路，近代以来的中国历史进程是由一个更加强大的外来社会的入侵所推动的。因此，在中国近代史的研究中，费正清提出了著名的"冲击-回应"模式，他借用汤因比的挑战反应说，以鸦片战争为分界线，将中国历史分为"传统史"与"现代史"两个部分，并用韦伯所谓"现代"与"前现代"、"人治"与"法治"的区分，分别标称近代以来的中国和西方。

胡秋原认为，中国社会自古以来就不是封闭的，中国文化圈的逐渐扩大、中国民族的不断融合才是中国历史的实际状况，有力地驳斥了费正清的论调。夏、商、西周是封建国家逐步完成的时期。从春秋时代到战国时代，中国历史经历了一次重大的转变。这一时期是封建制度渐趋瓦解而转向专制主义的历史时期，类似于欧洲中古时代末期的情形。其中法家治术影响的扩大，构成了"政治的国家"（秦汉帝国）的基础；儒家学说的扩大及六经的广泛流传，造成了中国文化的统一，也构成了"文化的天下"的基础。到了秦汉时代，专制主义的社会形态得以最终确立。虽然，秦汉帝国的历史模型此后没有根本的变化，但是历史上的因革损益仍然很大。此后的中国有三次大扩张与收缩，三次大的治乱。胡秋原将秦汉以来的中国历史发展，概括为中国文化因革损益的过程：一、中国文化之放射—夷狄吸纳中国文化而强大，并威胁中国—中华帝国团结并应付成功—解除威胁—中国文化对外扩张—其他游牧民族再吸收中国文化而强大。二、因既得利益阶级的腐败与中国内部的分裂，应付失败—夷狄乘中国之内乱而入侵—中国文化一时后退。三、中国文化复兴，夷狄为中国文化所吸收，加入中国民族—中华帝国的再建与扩大。

在反驳费正清东方社会论的基础上，胡秋原指出了元朝所具有的三个重大历史意义："一是恢复中国统一，就此而言，他是继续汉唐的。他建立行省之制，并形成今日中国民族之语言（所谓国语）。二是此一事业不由汉民族执行而由蒙古人代为执行者，则因蒙古入侵江南以前已是一个世界帝国。……三是蒙古的'马力'加上宋人海运力后，使蒙古人能在十三世纪建立'蒙古的和平'，这促进世界史的动脉由丝道转向海道，有利于十字军，及东方文化对西方之流入。就此而言，元朝揭开全世界现代史之序幕，并促进西方之文艺复兴。"其实就中世纪与近代的历史划分而言，民族国家的成立、近代语言的形成是重要的标志。在经济上，宋元以来，江南农田水利的发展，技术的进步，市场的扩大，信用与纸币的流行，使宋明家庭手工业达到了极盛的状态，从而过渡到手工工场制度的时代。在文化上，唐、宋、元、明的文化，无论是工艺、绘画，还是哲学、文学都具有市民文化性质。单就航海技术而言，中国自唐、宋、元以来也取得了很大的进步。因此，胡秋原认为元代才是世界近代史的开端。只是明朝采取了闭关自守和八股取士政策，阻碍了中国经济、文化的进一步发展。正在此时，西方世界却兴起了航海事业，相继开通了新大陆和印度洋的航线。在海航事业中，市民阶级的力量与日俱增，于是在荷兰与英国发生了资产阶级革命，但是这一时期的欧洲政治是专制主义的。在经济上，直到18世纪初，中国与当时先进的英国都处在工场手工业阶段。蒸汽机的发明才是导致中西决定性不同的关键。

费正清是一位充满矛盾的人物。学术研究与政策研究之间的微妙，学术忠诚与政治利益之间的尴尬，时常使他陷入两难境地，因此招致了各方的批评和责难。1976年，费正清提出了"大陆中国"与"海洋中国"的主张，台湾岛内的一些人将其视为"台独"运动的新理论，并进行"台独"运动或"海洋中国"运动。1977年9月费正清第六度来台，"碰上了一阵躲闪不及的暴风雨，一股莫可遏阻的民族主义浪潮"。9月13日，台湾《"中央日报"》刊出了胡秋原、郑学稼等九人的《对费正清来台之共同声明》；9月16日、18日，他们又联合学界人士，举行两次声讨费正清的座谈会，又由曾祥铎等写成《我们指控》，并经刘源俊等人译为英文寄给美国白宫与国会。此外，胡秋原公开表示愿与费正清辩论，他用英文讲，费正清用中文讲，并请美国大使馆新闻处以卫星频道向美国民众转播，依何方理屈词穷而定胜负。同年10月号的《中华杂志》专门为此开辟了《费正清问题》的专栏，是批判费正清的主要阵地。

《中华杂志》与保钓运动

保钓运动始于 1970 年，是海峡两岸及海外华人为回应钓鱼岛问题而发起的一系列民间抗议运动。《中华杂志》在其中扮演了非常重要的角色。1969 年 5 月，联合国亚洲经济开发委员会指出，钓鱼台列屿附近为大油田所在，引起中国台湾当局、中国大陆与日本的注意。不久，美日两国达成协议，承诺在 1972 年将琉球"归还"日本，而琉球包括了钓鱼岛。钓鱼台列屿的主权争端由此开始。其后，日本政府单方面声称钓鱼岛属于日本，并开始驱逐来自中国台湾的渔民。当时台湾当局主张管有钓鱼台，美、日的举动令中国台湾当局极为尴尬。1970 年 9 月号的《中华杂志》首度对钓鱼台的主权争论作出反应，发表了《即得"冲绳"，又望"尖阁"》的短评，指出"尖阁岛只是日本人对我国钓鱼台列岛之改称。钓鱼台群岛是我国陆地延伸出去的大陆礁层上突出海面的礁屿，它本身就是大陆礁层的一部分"，并批评国民党当局反应太迟钝。此外，同期《中华杂志》又刊载了有关钓鱼台列屿的资料——《尖阁岛系日本将钓鱼屿与花瓶屿改名》。随后，美、日当局均声明钓鱼岛的所有权属于琉球，因此也就属于日本。琉球将此前插上的青天白日旗拔去，并驱赶在钓鱼岛附近作业的台湾渔船。9 月下旬，台湾当局相关负责人重申了对钓鱼台列屿主权维护到底的决心。10 月号的《中华杂志》再度发表短评——《支持政府对钓鱼台列屿立场》，强调如中国"渔民再受干扰，自应考虑实力保护"。同期还刊出了"立委"胡纯俞的质询《不应与日本谈判钓鱼台列屿主权问题》，质问台湾当局：日本阻挡我渔民作业，这是对我"友好的行为"吗？为何一言不发？

台湾当局的软弱和媚外，引起了广大台湾民众的强烈不满和义愤。1971年11月号的《中华杂志》，发表了在保钓运动中具有历史意义的文章《保卫钓鱼台》。此文为王顺与茅汉（王晓波）合著。其实他们二人早在9月间就已写就《钓鱼台不可断送》一文，遂将文稿交《大学杂志》，却遭退回。鉴于《中华杂志》在钓鱼岛问题上的民族主义立场，王晓波因此联系中华杂志社，胡秋原看过文章后，立即表示《中华杂志》可以刊出，并建议将题目改为《保卫钓鱼台》，刊于11月号的《中华杂志》。该文在开篇引用"五四"运动《北京学界全体宣言》中的名言"中国的土地，可以征服，而不可以断送。中国的人民，可以杀戮，而不可以低头"，来敦促台湾当局表明立场、采取行动。文章指出，"几乎所有的党派、民间团体、舆论界等都已发言了。这竟是台湾二十年来，民意人心最伟大的团结镜头。报纸读者投书，海外学人致函，学者作家立论，议员代表咨询，友党人士支持"，在这样海内外舆论哗然，千万人民引颈而待当局态度的时候，"外交部"发言人魏煜孙却"不予置评"，人们不禁要问：难道我们的"外交部"除了办理绝交事宜以外，只会"不予置评"吗？作者向生活在台湾的一千五百万同胞发出呼吁："我们上一代用'五四运动'来答复日本帝国主义侵略山东的企图，并且唤醒了中华民族的国魂，使得日本帝国主义不得不暴露其帝国主义的侵略面目。难道五十年后的这一代中国青年，真的就要眼睁睁看着我们的国土让列强们用'声明''密约'而断送吗？……我们上一代用鲜血和头颅所争回来的钓鱼台群岛，难道真要由我们的手中断送出去吗？'不！不！不……'我们要用力量和行动来证明，这一代青年同样具有保卫国土的能力和决心！"其后，《保卫钓鱼台》一文不仅为《科学月刊》转载，并普遍地被全美各地的保钓刊物转载，对保钓运动产生了深远的影响。

《中华杂志》、《"中央日报"》（海外版）上的保钓文章，迅速在中国留美学生中间传播，并引起他们的关注与讨论。1970年11月，普林斯顿大学的中国留美学生率先集会讨论钓鱼岛主权问题。胡卜凯、沈平、李德怡等七人在聚会中，决定要就钓鱼台事件掀起各地讨论的热潮，希望激起留学生对国事的关心。随后，胡卜凯与《科学月刊》的发行人林孝信取得联系，利用《科学月刊》的联络网来推动保钓运动，要求各地召开有关钓鱼岛问题的座谈会，必要时则走上街头游行示威。其后，全美各地的"保卫中国领土钓鱼台行动委员会"相继成立，各种保钓刊物如雨后春笋，关于钓鱼岛问题的讨论不断深入。同时，在美国各大学的中国留学生开始酝酿举行示威游行。不久，美国各大学的中国留学生在各地"保钓（分）会"的领导下，于1月29日、30日按照预定计划，分别在纽约联合国总部、日本驻全美各地领事馆及日本驻华盛顿大使馆外举行游行示威，抗议美、日两国侵犯中国领土主权的行径。

但是，台湾国民党当局却对保钓运动采取防患与压制的态度，将保钓运动定性为"与匪唱和"，想以"红帽子"来对付保钓运动。1971年3月号的《中华杂志》，发表了胡秋原撰写的社论，高度赞扬保钓运动，将其称为"一个纯粹而伟大的爱国运动"，为留美学生抵抗国民党的"红帽子"，并再次表达了他对超越党派、一致对外的爱国主义运动的期待。4月，台湾大学"保钓会"成立，随即举办"钓鱼台问题座谈会"，胡秋原应邀发表演讲，强调"必须将保卫钓鱼台主权的爱国运动坚持到底！……所谓坚持到底，就是要坚持到明年万一美国将钓鱼台交与日本，要准备采取可能的自卫行动，而如果想到这可能无效或力之不及，就要一面加速建设国力，一面坚持到中国民族运动之成功，统一民主的中国之实现，是这一问题终于解决，并且永无这一类的问题"。在演讲中，胡秋原还有力地反击了皇民化"台独"分子的攻讦，揭发了"台独"卖国主义的丑行，批判了所谓"非法侵占尖阁群岛"的谬论。这篇讲稿后以《保卫钓鱼台的爱国运动必须坚持到底，底于成功》之名，刊于 5 月号的《中华杂志》。

其后，7 月号的《中华杂志》除了刊出茅汉（王晓波）《"六一七"学生示威纪实》及相关文件，还刊载了《中国旅美学界致美国总统尼克松暨国会公开信》、段建安撰《保卫国家应动员民力》及许良雄撰《到大陆的捷径是经由钓鱼台》等文章，并在《编后》中指出："钓鱼台事件已激起中国新的一代的民族主义。纪念"七七"亦所以充实民族主义。我们相信中国的民族主义必能发扬光大，终有收回钓鱼台之一日。"1971 年 11 月 28 日，《"中央日报"》发表社论，批评保钓运动。12 月号的《中华杂志》刊出了许智的投书及"编者按"，反驳了《"中央日报"》社论的论调。1972 年 5 月 15 日是美国将琉球群岛主权，并将钓鱼岛及其附属岛屿的行政管辖权"移交"日本之日。同年 5 月 8 日，《中华杂志》编辑出版了"琉球与钓鱼台特辑"，刊载了社论《论琉球与钓鱼台事件并忠告日本》，盛承楠撰写的《由日本海图证明钓鱼台是中国领土》，及琉球学者山里永吉所作的《冲绳人之冲绳》及《琉球内史》等文章。社论强调全国同胞须"一致外争国家领土主权，不以钓鱼台问题为对内政争的工具"，并主张"我们与中共的问题是内政问题"，再度表达了超越论的立场，呼吁海内外同胞弥合保钓运动中左右路线的分裂而一致外争主权，就其力之所及共同维护钓鱼台为中国领土的目标。6 月号的《中华杂志》，刊出了海内外各地华人抗议美日交接钓鱼台的活动报道及相关文件。5月中旬，台大学生静坐绝食以示抗议，却遭媒体"消音"，唯有6月号的《中华杂志》刊载了一篇报道《台大学生绝食抗议钓鱼台国耻记——未曾见报的新闻》。

保钓运动虽然未能阻止美国将钓鱼岛"归还"给日本，但对海外和台湾岛内的青年学生产生了巨大而深远的影响。他们从美、日帝国主义的嚣张气焰和台湾当局的软弱无能中看清了国际强权政治的本质，产生了强烈的民族意识。正如王晓波所言："在严酷的内战逻辑下，私斗先于公战，钓运迅速地在左右统独的撕裂下解体了。钓运结束了，但历史没有结束，《中华杂志》没有结束，胡秋原先生为苦难中国的奋斗没有结束。钓运之后，胡秋原先生主持的《中华杂志》更结合了一代青年的民族主义知识分子，在皇民化和美国化的夹击下，在台湾独树一帜坚持着中国民族主义，直至两岸开放民间交流，和《中华杂志》第三四九期（一九九二年八月）休刊为止。"

1972年9月，中华杂志社组织爱国人士，抗议椎名来台，此后连续多年举办"七七抗战纪念会"。国民党政府退守台湾后，为了避免得罪日本，一直压制反日运动，甚至无人纪念"七七"事变。1973年7月，中华杂志社在台北耕莘文教院举办"七七纪念演讲会"，会场座无虚席，气氛热烈。作为发行人，胡秋原首先走上讲台，说明纪念"七七"的意义，接着邀请当时经历抗战的历史见证者，先后讲述了日寇惨绝人寰的暴行，将可歌可泣的抗战历史告诉下一代中国人。中华杂志社所举办的"七七纪念会"前后持续了多年，王晓波在《以民族主义为志业的胡秋原先生》中讲道："胡先生最值得称颂的是，在国民党的偏安意识下，全岛上下媚美媚日哀求'不要放弃我'之际，他以个人之力，每年举行'七七纪念会'，直至中国统一联盟成立。他以'七七纪念会'维系了中国的民族精神在台湾不坠。虽然胡先生自称是逃难来台湾的，但他却尽己之力支持被压制的台湾抗日一代。"

中国统一联盟与破冰之旅

20 世纪 80 年代以来，美苏冷战趋于缓和，台湾国民党当局宣布解严及开放大陆探亲，两岸同胞长期隔绝状态被打破。胡秋原注意到了两岸统一的必要性与可能性。他深感中国人必须在 20 世纪内完成民主统一的任务，才能应付 21 世纪的世界局势，保障中国民族的安全。但另一方面，民进党自成立后，日益暴露出其"台独"倾向，民主只是"台独"的幌子。一时间，"台独"声浪高涨。主张统一的人士分散而无联络，沉默而无行动，统一的力量无法汇聚起来。"台独"叫嚣甚至淹没了统一的呼声，以致整个社会缺乏定向，导致中外人士对台湾前途产生了误会，以为分离主义才是台湾各界共同的诉求。其实在当时统一才是主流民意。中华杂志社同人认为应当有另外一种声音，以表达沉默的大多数的心声。胡秋原高瞻远瞩，振臂一呼，应者云集。1987 年 11 月，中华杂志社与中华合唱团，邀请支持统一的各方人士，在台北中山堂召开"中国民主统一问题座谈会"。12 月，夏潮联谊会邀请余登发、周合源、胡秋原等人，又举办"台湾前途座谈会"。1988 年 1 月，夏潮联谊会与中华杂志社再次联合举办了"中国统一促进运动筹备谈话会"，讨论"中国统一促进运动联合机构之筹备""中国统一运动若干实际问题之研究""民众大会之召开"三项议题，并选举产生了曾祥铎、陈映真等十一名筹备委员。2 月，"中国统一联盟"筹备会议召开，商讨"中国统一联盟"组织章程草案。

1988 年 4 月 4 日正值清明节，"中国统一联盟"在台北召开了成立大会，通过了《建盟宣言》和《组织章程》。大会推举胡秋原为名誉主席，陈映真为第一任主席。"中国统一联盟"自创盟以来，虽然遭到了分离主义势力的诽谤与恐吓，但是其推动祖国统一的努力从未间断。成立伊始，"中国统一联盟"就明确地表达了联盟的宗旨：促进民族内部的团结与和平，建设民主统一的国家。在《建盟宣言》中，它郑重提出自己的奋斗目标：终止国土分裂和民族分离的悲剧，实现中国民主统一；促进我民族内部的和解、和平与团结；建设一个民主的、富强的、统一的中国；再造进步的、现代、光荣的中华新文明；对世界与人类的进步、和平、正义与发展，作出我们应有的贡献。"中国统一联盟"的成员尽管有着不同政治背景和身份，但是他们有一个共识，即认为海峡两岸都是中国人，两岸同属于一个中国，坚决反对"台独"、反对分裂。正是由于旗帜鲜明地主张"两岸统一"，"中国统一联盟"在很长时间内，特别是在李登辉掌权的十余年间，成为台湾岛内立场最为坚定的"反独促统"的政治团体之一，有"台独"的地方就是他们的"战场"。

《中华杂志》是中国和平统一的坚定倡导者和有力推动者。直到休刊为止，它在"中国统一联盟"的酝酿、筹备、成立、运作的过程中，始终扮演着重要的角色。在 1987 年、1988 年两年时间里，中华杂志社先后出版的有关统一问题的专号就有"台湾自决独立问题专号"（1987 年 5 月）、"大陆探亲与民主统一特辑"（1987 年 11 月）、"中国统一问题专号（上）"（1987 年 12 月）、"中国统一问题专号（下）"（1988 年 2 月）等等。作为《中华杂志》的发行人，胡秋原本人更是"中国统一联盟"的灵魂人物。多年以来，他就中国统一问题发表多篇文章，其中包括《中国问题之要点与和平统一之途径》（1981

年 11 月)、《召开国民会议和平统一中国之建议》（1986 年 2 月）、《论中国民主统一是"无上命令"》（1987 年 4 月）、《所有中国人的大事是民主统一前进》（1987 年 7 月）、《海峡双方应培养善意扩大接触早日达成民主统一》（1988 年 2 月）等，后辑为《民主统一与国家再建》一书。胡秋原指出：如果台湾宣布"独立"，引起台海战争，这将是一百五十年来中国最大的悲剧，任何有识之士都有责任阻止它成为事实。在胡秋原看来，海峡两岸的统一问题并非政党的问题，而是全中国民族的问题。二十多年以来，《中华杂志》为保卫海峡两岸和平，促成统一大业而殚精竭虑，不遗余力。

　　1988 年 6 月，胡秋原赴美。9 月 12 日，身为台"立法委员"的胡秋原，无视当局的高压和阻挠，以祖国统一为己任，毅然来到北京，与李先念主席、邓颖超副委员长共商两岸统一之大计，成为海峡两岸隔绝四十年之后，首位来祖国大陆访问的台湾高层人士，首位国民党"立法委员"，被誉为"两岸破冰第一人"，在两岸人民乃至全世界华人中激起了巨大的波澜。而胡秋原本人则因此被国民党开除党籍。某些"台独"分子甚至公开扬言要"法办胡秋原"，叫嚣要判他"死刑"。面对逆流翻滚，胡秋原破浪前行，他说："秋原一介老儒，平日服膺横渠四为之教（为天地立心，为生民立命，为往圣继绝学，为万世开太平），提倡三大尊严（人格尊严、民族尊严、学问尊严），八十老翁，除中国之富强、同胞之幸福之外，尚复何求？"

　　自 20 世纪 80 年代后期开始，《中华杂志》的销售量呈现出下降的趋势，收支不能维持平衡。1992 年，胡秋原又患了一场重病，中华杂志社同人以及胡先生的子女鉴于他的健康状况，建议《中华杂志》在创刊三十周年的纪念日停刊。胡秋原在踌躇很久之后，同意在 1992 年 8 月停刊。但他仍不愿完全停止《中华杂志》的事业，所以在月刊休刊之时，宣布继续发行季刊。最终，《中华季刊》在出版四期之后宣告停刊。在《胡秋原先生与〈中华杂志〉若干事》一文中，一直跟随胡秋原的蔡天进，曾对他作出了这样的评价："他代表中国精神，书生本色。他曾受到威胁，但这些威胁者忽略，胡先生是经历世界大场面的人，他对这些威胁，是看作茶杯里的风浪，有时置之不理，有时是'恶声至，必返之'的。他念兹在兹的，是中国之复兴，勤劳从事的，是学问、文章和《中华杂志》。这也就是说，《中华杂志》是他的中国精神、民族正气、大丈夫气概的表现。"

1994 年 2 月，胡秋原选集两卷本——《文学与历史》《哲学与思想》由台北东大图书公司出版。1995 年 7 月，李敏生编的《中华心：胡秋原政治文艺哲学文选》，由北京社会科学文献出版社出版。8 月，"《中华心：胡秋原政治文艺哲学文选》首发式暨胡秋原学术思想研讨会"在北京举行。2004 年 5 月 24 日，胡秋原病逝于台北县新店耕莘医院，享年 95 岁。2008 年 4 月 30 日，武汉大学哲学学院设立胡秋原藏书室。2010 年 6 月 16 日值胡秋原百年冥诞纪念日，武汉大学哲学学院、中国传统文化研究中心、国学院于 6 月 16 日至 17 日，共同举办了"纪念胡秋原先生诞辰一百周年学术研讨会"。6 月 21 日，"胡秋原、敬幼如奖学金"捐赠仪式在哲学学院举行。

第 7 章

"理论历史学"

历史哲学的困境

历史哲学，也即"理论历史学"是胡秋原思想的核心。就理论历史学的整体架构而言，哲学人类学是其基础；社会学是其主要的诠释路径；史学方法论与价值判断论是其主要内容；将理论历史学应用于中国历史、世界历史，探求其出路，所得到的答案即是文化的超越前进。

在胡秋原漫长的学术生涯中，他的历史哲学经历了三个时期的变化发展：1932年《唯物史观艺术论》及《中国社会-文化史草书》以来为先超越期；1935年及《历史哲学概论》以后为超越前期；1953年写完《古代中国文化与中国知识分子》时，亦完成"理论历史学"之框架，自此以后为超越后期。

在先超越期，胡秋原侧重于文艺史的研究。他是由文艺问题而进入马克思主义的，特别是对马克思主义经典作家普列汉诺夫有精深的研究。"文艺自由论辩"因胡秋原而起，胡秋原又是"社会史论战"的重要人物。

在超越前期，胡秋原的学术兴趣由文艺史转移到了中国社会史。胡秋原在游历欧美后放弃了马克思主义，以"民族"和"自由"为自立文化史观，主张新自由主义。他以文化史观代替唯物史观，并用文化史观来解释双重文化危机的由来，探寻中国和世界的出路。《历史哲学概论》（1940）是胡秋原超越前期的主要著作。

其后，胡秋原综合前两个时期的思想，并对其加以整理、补充和修正，建立起超越后期的学术思想，即"普遍的历史哲学或理论历史学"。

《古代中国文化与中国知识分子》（1956）的出版，是胡秋原"理论历史学"圆熟的重要标志。1962年，胡秋原卷入中西文化论战，次年创办《中华杂志》。此后胡秋原以《中华杂志》为主要阵地，在道德上，主张人格尊严、民族尊严、学问尊严；在知识上，讨论学问方法论与价值判断、中国历史与文化、西方历史与文化、俄国历史与共产主义。胡秋原还撰有《一百三十年来中国思想史纲》（1973），通过对传统派、西化派、俄化派思想历程的梳理，论述超越前进的必要与未来中国的蓝图。

正如龚自珍所言："灭人之国，必先去其史。"在胡秋原看来，近代以来中国的衰败在某种意义上是史学的衰败，中国所面临的困境在某种意义上是史学的困境。因此他以历史的线索梳理了中国史学与西方史学的大致发展历程；在此基础上，又以问题为中心分析了历史哲学方法论自20世纪以来所面临的困境及其所遭遇的危机。

1725年，维科（1668~1744）《新科学》的出版，是作为一门学科的历史哲学诞生的标志，维科也因此被视为近代历史哲学的奠基人。1756年，伏尔泰（1694~1778）在其《风俗论》中正式提出了"历史哲学"这一概念，他指出，对于历史不应该只以堆积史实为能事，还要达到一种哲学的理解，要从整体上理解历史，认识支配历史的基本原则及其隐秘的意涵。虽然历史哲学作为一门独立的学科诞生于 18 世纪，但是人类的历史哲学思想源远流长，它发端于人类对于自身命运的思考。

近代以前，中国和阿拉伯的史学远比欧洲史学发达。孔孟以来，中国的思想家认为历史有治乱兴衰的节奏，以及因革损益的变化。司马迁的《史记》，不仅对"古今之变"作了生动的刻画，而且对于历史变动的因素亦有深刻的观察。在《历史学及其方法论》（《中华杂志》创刊号，1963 年 8 月）一文中，胡秋原指出，司马迁的"世界的、人文的眼光，创造的天才，弘大的规模，谨严的系统，无论如何推崇，绝非过誉，而文章之雅健宏深，尤其余事。二千余年之间，中国人之史述无能超越其轨范，实非偶然"。14 世纪阿拉伯的伊本·卡尔敦（1332~1406）认为，要理解人类历史，必须具备系统的人类文化（Umran）的知识。胡秋原认为伊本·卡尔敦是"今日历史哲学、文化哲学之真正鼻祖"。尽管希腊人、希伯来人、罗马人、印度人在哲学、科学、宗教、政治等方面留下了光辉的足迹，然而在历史学上无人可与司马迁和伊本·卡尔敦比肩。古希腊历史学家关注以政治事件为轴心的历史，他们看重的往往是史学的艺术功能，历史学并不具有科学性。在欧洲的中世纪，史学成为神学的一个分支，人类历史被看成是由一种超人的和超自然的外力所支配的，历史就是天意的实现和见证。文艺复兴时期的人文主义者认为，上帝创造了自然，人类则创造了历史，因此，历史学逐渐摆脱了神学的支配。

维科唤醒了人们的历史意识，他努力在神学之外寻求历史的规律。维科将科学分为"人类科学"与"自然科学"，他是探讨人文科学自身方法的先驱。启蒙运动中一些杰出的代表人物，如伏尔泰、孔多塞（1743~1794）等人认为历史过程是可以被理性所理解的，也是可以被道德所裁可的。自此以来，西方历史理论除了继续存在于历史学家和史学理论家的著作中外，还出现在哲学家的历史著作中。盛行于18世纪末至19世纪上半叶欧洲的浪漫主义，对西方史学的兴盛起到了推波助澜的作用。19世纪自然科学获得了空前伟大的成功，这使得历史学科学化的努力一时蔚然成风，许多思想家要在历史学中追求一种类似于自然科学中的因果律。属于这一思潮的有巴克尔（1821~1862）、泰纳（1828~1893）、兰普雷希特（1856~1915）、斯宾塞（1820~1903），其中的代表人物应数法国实证主义哲学家孔德（1798~1857）。孔德提出了人类精神发展三阶段论的历史理论，极力将历史学纳入自然科学的方向和轨道。这一思潮被称为实证主义思潮。实证主义的历史哲学主张以纯粹自然科学的眼光看待历史学，断言历史学与自然科学在原则上并无二致，力图以自然科学那样的规律、法则来总结历史，认为历史是被普遍必然的客观规律所决定的。稍早诞生的兰克（1795~1886）客观主义史学，也主张以客观主义和科学方法治史。

从19世纪下半叶开始，正当史学的科学化甚嚣尘上之时，世界形势以及史学观念发生了空前的变化。在《历史学及其方法论》中，胡秋原指出："人类社会与文化必然进步而且进化，西洋文化为人类文化中心与进化标准，科学为唯一之学问，而科学方法——此在十九世纪末，二十世纪初，即归约的、因果的研究法，即一切现象可以归约到某种原始张本，并可以归纳方法，求其因果关系——可以应用于一切自然的、生物的、人文的、心理的现象。历史现象亦不例外。然这一思潮，近五十年来已告动摇，即使尚未完全粉碎。"就史学观念而言，在当时的英、法两国，实证主义的史学理论正在流行，极力将历史学纳入自然科学的轨道；而在德国情形却正好相反，开始掀起了反实证主义的思潮。狄尔泰（1833~1911）、文德尔班（1848~1915）、李凯尔特（1863~1936）对此前的历史哲学作了前所未有的彻底的批判与反思。1907年，西美尔（1858~1918）明确提出了一个康德式的问题：历史科学如何可能？对此问题的回答构成了分析或批判的历史哲学的主题，这一转变也被称为历史哲学的"认识论转向"，即从思辨的历史哲学到分析或批判的历史哲学的转变。就世界形势而言，20世纪初的第一次世界大战给人类带来了极大的灾难，这一残酷的现实使得人们的历史乐观主义的向往破灭了，进化史观饱受质疑。

狄尔泰提出"精神科学"的概念与"自然科学"相对举。他认为"精神科学""自然科学"有着各自不同的研究领域，因而它们所应用的方法各不相同。"精神科学"只能用内在体验的方法，"自然科学"则使用因果的解释。李凯尔特以价值作为区分的标准，将科学分为"自然科学"与"文化科学"两大类。他指出价值是文化对象所固有的，自然对象则与价值没有联系。狄尔泰与李凯尔特都强调历史学是对只出现一次的独一无二的人类现象的理解，因此无法从中总结出普遍的规律。他们都强调直觉在认识中的重要作用，并把历史理解看成主观的东西。狄尔泰认为历史之中并无普遍性的规律可言，而陷入了历史相对主义。李凯尔特认为科学规律必须是反复出现的，而历史事件不可能重演，因此他否定历史的科学性。其后的新黑格尔主义者克罗齐（1866~1952）、科林武德（1889~1943），将历史与思想的统一性加以绝对化，试图克服历史相对主义，实际上却消解掉了历史客体本身，埋葬了历史主义。分析派大都倾向于认为历史研究并不是科学，至少不是自然科学意义上的科学。不少分析派的历史哲学家根本就不承认历史具有客观规律，有的甚至将历史看成人们思想的随心所欲的产品，以至于取消了历史本身。胡秋原指出："如是西方人过去的史学观念之基础全部动摇了。不仅此也。西洋人已不得不重新思考其命运，并探讨西洋文化之前途。而这一探讨，又必由新的历史观念，史学方法出发，也是不待说的。"虽然经过狄尔泰、李凯尔特、胡塞尔等哲学家的努力，人文科学开始在方法论上同自然科学明确地区别开来。但是，人文科学方法并没有由此而得到确立。近半个世纪以来，哲学家们又开始思考人文科学方法与社会科学方法的划界问题。胡秋原指出："受狄尔泰及胡塞尔或克罗采的影响，谢勒（Scheler）、韦柏（Weber）兄弟、松巴特（Sombart）、阿特加（Ortega）及曼罕（Mannheim）等提出'文化社会学''理解社会学''历史社会学''知识社会学'之名，如是'存在方式'或构造分析研究法，代替因果分析法。"他特别看重文化社会学、历史社会学的方法，它们正是未来的可能的方法。

中国传统史学研究治乱兴衰之故，因革损益之宜。虽然中国古代没有形成独立的历史哲学学科，但是历史哲学思想十分发达，中国古代的历史意识和史学意识发展到了相当的高度。胡秋原指出，中国传统史学很早就有了方法论的自觉。它不仅重视史料的考证、辨别、比较，也强调史学思想层面的"会通"。它强调不仅要知其然，也要知其所以然；而知其所以然，也就可知其所当然。中国传统史学不仅有循环论、进步论，也有退步论；不仅有因果论，也有目的论。中国传统史学还有两个特殊的观念，即正统论和道统论，二者为中国史学所独有。古代中国不仅有不间断的历史，亦有极为丰富的史书。相对于同时期其他国家而言，古代中国无疑是史学最发达的国家。"可是由于中国过去还没有发展到工业文明，因而没有近世科学及其方法之发展，以上许多观念散见于经史子集之中，还没有充分发展，成为有系统的历史哲学著作。"明清之际，黄宗羲的启蒙主义历史哲学，王夫之"理势合一"的历史观，顾炎武"引古筹今"的历史哲学思想，酝酿着新的方法论与新的理论动向。但由于中国近代的长期难产，这个哲学发展的逻辑进程，未能达到它的理论终结；而到19世纪初叶历史地转入了另一个时代。在清代，诚如内藤湖南（1866～1934）所指出的那样，清代史学界的考证学是具有近代科学性的，章学诚的史论也具有近代学术价值。但是西力东渐以前，中国的历史哲学思想毕竟没有最终完成由古代形态到近代形态的转换。毋宁说，它是在古今中西的碰撞、交流、融合中开始其近代化（现代化）进程的。"西力东来，是我们应在史学上有新研究而重新确立自己的时期。但这种努力固然不足，继而我们受西方十九世纪末流的影响，而这种影响的惰性，至今不绝，以致我们对西方人新的研究，颇为隔膜。如果史学在过去中国以及在近世各国都是启发国民的精神的光明，在近代中国，往往成为玩物丧志乃至麻醉之事。我以为这是我们近世不幸中，最大的学问上之不幸。"在胡秋原看来，中国近代历史哲学对进化论的推崇，对西方近代科学方法的借鉴，并没有克服中国传统史学的弊端及西方近代史学的危机，而建立起有效的历史哲学理论。在某种意义上，正是因为史学的失败导致了救国运动的失败。

历史学的研究领域与自然科学的领域并不一样，因此不能像实证主义者那样，以纯粹自然科学的眼光来看待历史学，历史学研究在本质上也不应该采取与自然科学相同的方法。非实证性是人文科学的基本特点之一，它是指人文科学在探讨人的本质、建构价值体系、塑造精神世界中所提出的思想和理论，其主体部分是难以通过经验的检验予以证实或证伪的。这是人文科学与自然科学的一个很大不同之处。自然科学以客观、价值中立为标准；相反，史学必须要作价值判断。因此在胡秋原看来，实证主义、新实证主义具有很大的危害性，其弊端不光体现在历史哲学的研究中，胡秋原认为"实证主义实为帝国主义、虚无主义之由来，而今日新实证主义尚承此谬误而不悔"。一方面，西方人凭借着坚船利炮在全球范围内划分势力范围，掠夺殖民地人民；另一方面，实证主义史学又为他们的侵略行为提供某种正当性论证。此后的新康德主义的历史哲学、新黑格尔主义的历史哲学，均无法真正消除实证主义史学的弊端，建立起切实有效的历史哲学。

20世纪20年代开始出现的逻辑实证主义，对历史哲学的方法论不仅没有建树，反而带来了更大的危害。胡秋原指出："在实证派的统一科学方法失败之后，在自然科学上因果说明的权威亦大减，而历史社会科学上的意义理解也理解不一，这是西方学问方法论的危机，实证主义是过去了，但反对者每批评多而建立少。"胡秋原终其一生，都极为重视对历史哲学方法论的研究，对之着力甚深。他之所以极力反驳实证主义、逻辑实证主义、实证主义史学、科学主义，正是因为这些理论都拒斥价值判断，但是他并不一般地反对科学。胡秋原说："学问即一般所说科学，科学亦即学问，并非神秘特殊的东西，即有系统的知识，有极大可靠性的理论，亦即不是零碎知识，经不起实验的理论。中外古今学问原理相同，并无中国学问外国科学根本不同之事。……一般人所说科学指自然科学，但自然科学指理论科学，不是技术，技术是理论结果。自然科学固然神通广大，也要社会科学乃至其他各种学问、学科合作，自然科学才能有效有益。"显然，这里讲到的学问、科学指的是广义的科学。

其实，胡秋原也并不一般地排斥自然科学，他认同伽利略以来自然科学的方法；他反对的只是自然科学方法的越界使用，因为自然科学与人文社会科学之间既有相同之处，亦有不同之处。相同之处在于二者均要探求因果关系。不同之处主要体现在两个方面：其一，人们可以直接观察自然现象而获得感官经验，而人类历史是不能直接观察的。其二，自然现象中只有固定的因果关系，无所谓目的，因此用不着价值判断，但是人类活动皆是有目的的，因此人文社会科学必然涉及价值判断。所以他并不认同实证派所主张的以自然科学的法则模型"包摄"历史的论调，也不赞同否定人类历史当中存在因果法则的主张。

史学的三重性质

在胡秋原看来，要走出历史哲学的困境，首先要弄清史学的性质。胡秋原将史学定义为："史学为研究人群活动状态及其成就之学；换言之，史学对象为全人类文化之发展过程及种种形相；简言之，历史即文化史。"史学研究的对象是人类文化，文化则包括三大系统：思想（包括科学、哲学、文艺，又称为学艺）、制度（政治、经济、法律）、技术。在这三者之中，思想与观念又是原动力量，所以文化史的中心又是思想史。由史学的对象，便可以了解史学的性质。既然文化是史学的对象，那么就只能以文化的变动来解释历史，这也决定了史学兼有三种性质：科学、哲学、文学。

首先，历史学作为一门真正的独立的学问，它就必然要分享科学的普遍性。胡秋原认为人类的历史与文化之所以能够研究，是基于人性大同这一前提。"人类留下许多遗迹和记载，尽管解释不同，乃至内容矛盾，总可以作近似的合理判断。所以也能对人类过去历史作一种大体相同图像。由于人同此心，即使人类行为不尽合理，但人类相互之间，以及对于自然界，其行为终究充满类似现象。故历史虽无绝对规律，也不是一片混乱。"学问即理论，没有理论，只有零碎的知识，不会有任何科学，也不会有史学。所谓科学，必须是经由严格的方法论而得的知识，所以理论历史学必然是"科学的"理论历史学。就此而言，历史学具有科学的性质，与科学有同一性的一面，分享了科学的普遍性。

其次，史学具有哲学的性质。由于历史学的对象是人类活动与文化，所以史学不能不对特定族群活动的得失成败及其文化成就有所评价，评价则属于哲学的范围。史学由过去说明当下，由当下指向未来。因此，"可能如何"与"应该如何"是历史研究中必然产生的问题。就此而言，史学自然就具有哲学的性质。关于史学的哲学性质，倡导新史学的梁启超认为："凡学问必有客观主观二界，客观者，谓所研究之事物也，主观者，谓能研究此事物之心灵也。和合二观，然后学问出焉。史学之客体，则过去现在之事实是也。其主体，则作史读史者心识中所怀之哲理是也。有客观而无主观，则其史有魄无魂，谓之非史焉可也。"

最后，史学又具有文学的性质。胡秋原指出："一种科学或哲学，总是由一般来说明特殊的。而历史的主人不是自然物，而是和我们一样的人。史学，作为学，要研究大数现象的人。然不但过于一般化的事情，在社会上是视为当然的，历史上的事，总是有其特点的，而且历史上的活动或文化之创造，亦常以若干个人为代表。不研究代表性的个体，也不易了解集体现象。历史上个人，正类似文学或戏剧中的典型人物。这可以，而也必须'设身处地'，此则同情的理解（狄尔泰）或'历史的想象'（Collingwood），传记的方法，都不可少。就此而言，史学有文学的性质。"

但是历史的科学性，并不意味着历史的必然性，毋宁说对历史的研究正是为了展示出历史的可能性。在《历史学及其方法论》一文中，胡秋原指出：

> 史学是教我们作最善的自由选择之科学。其次，史学教我们了解现在的文化现状，并由文化之比较分析得出一种评价的标准，而以此标准，作将来努力之方针。就此而言，他是一种哲学，或所谓"第二宇宙"（自然为第一宇宙，引者按）之哲学。最后，历史叙述一般的人类活动之构造，然也不能忽视个别的单位——无论个人，团体或民族之特殊性。一切历史现象总是由少数人的活动而影响多数人的。就独特人物事件之叙述而言，需要文学的方法；而就叙述之动人而言，亦不可缺乏文学之手段。但毕竟史学是事实而非虚构。因此，他的本身不是文学。

历史学不仅有其作为科学的一面，而且也还有其作为哲学、作为艺术的一面。何兆武曾将历史学分为历史学 I 与历史学 II 两个层面，前者是对史实或史料的知识或认定，后者是对前者的理解或诠释。在何兆武看来，历史学 I 是科学，历史学 II 则是哲学。历史学 II 包括两个部分——理性思维与体验能力，二者的综合即为历史理性。理性思维使它认同于科学的东西，体验能力又使它认同于艺术。因此，历史学既是科学，又不是科学；它既有科学性，又具有科学性之外的东西。何兆武的论述可与胡秋原的观点相互印证。

1951 年，英国哲学家沃尔什在《历史哲学导论》一书中，首次明确地将历史哲学区分为思辨的历史哲学与批判的历史哲学两个部分。不过沃尔什本人并未将这种二分法加以固定化，他虽然对思辨的历史哲学的宏伟体系持怀疑态度，但同时充分认识到道德的和形而上学的前提假设对于历史学之不可或缺的重要作用。继沃尔什之后，美国历史学家德雷在其《历史哲学》一书中，进一步对思辨的历史哲学和批判的历史哲学的实际含义作了区分，前者又被称为实质的历史哲学、历史本体论，后者相应地被称为形式的历史哲学、历史认识论。韩震在《西方历史哲学导论》一书中又将二者分别称为历史的哲学与历史学的哲学。特别是后者，即形式的历史哲学、分析的历史哲学、历史认识论、历史学的哲学几个概念并不完全重合，但它们有一个共同的特征：关注于对历史认识的可能性及其条件的考察。前者则是对世界历史发展进程与阶段的研究。实际上20 世纪以来，实质的历史哲学（思辨的历史哲学、历史本体论、历史的哲学）受到了一系列逻辑的和方法论的批判。形式的历史哲学（分析的历史哲学、批判的历史哲学、历史认识论、历史学的哲学）在其之外，别开生面。

从胡秋原对历史的科学、哲学、文学的三种性质的认定，不难看出其历史哲学思想内部的张力：既要强调历史的科学性，重视对历史的因果关系的探讨，又要拒斥历史学的科学化；既要回应历史认识论对历史本体论的批判，而对价值判断保持警惕，反对任何形式的决定论，又要以目的论为价值判断论的依据，以克服价值相对主义、虚无主义。在《历史学及其方法论》一文中，胡秋原对"理论历史学"作了如下的说明：

在时间中事物发生变化，尤其是人类有继续性之活动，皆构成"历史"。普通所谓历史，特指人类之历史而言。对此经过之事加以记录，谓之"史述"（Historiography）。对史事与史述加以研究，谓之"史学"。如是有对历史、史述、史学为原理性之研究者，此在过去称为"历史哲学"。此种研究，有三方面：一为历史事象之研究，如历史究有无一定之法则，此称"实质的历史哲学"；二为对历史之学再作批评的研究，如历史知识是否可能，如何而后可能，史学研究为何种之学，此可称"历史认识论"；如若可能，又当如何研究历史，著述史书，此即"史学方法论"。历史认识论与史学方法论，合为"形式的历史哲学"之内容。我想对实质的与形式的历史哲学，合称为"理论历史学"。

"理论历史学"既有方法论的自觉，重视对历史认识的可能性及其条件的考察；又批判了实证主义思潮、科学主义思潮对价值问题的拒斥，强调对历史作价值判断的重要性。它把历史放在一个目的论的框架里来加以考察，但并不认可任何形式的决定论。同时，在对历史作价值判断时，"理论历史学"也重视对蕴含其中的道德的和形而上学前提假设的揭示，它们往往被视为理所当然而无待验证。史事与史述之于"理论历史学"，相当于实验物理学之于理论物理学。

史学方法论

胡秋原认为史学的性质决定了史学的方法。既然史学兼有科学、哲学、文学三种性质，那么它们就分别决定了史学方法的不同方面。史学既然具有科学的性质，因此就必然要探究因果关系。但是，"由于物质、生命、人文三界有基本原理之不同，虽然科学以求因果法则为目的，然各种科学对象中因果作用之方式亦有同与不同"。胡秋原作有一个图示来描述物质、生命、人文三界及其原理：

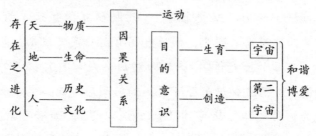

在胡秋原看来，天、地、人三界之基本原理的相同之处，就在于三界都受因果关系的支配。不同之处在于三界受支配的程度并不相同；而且在生命界与人文界，目的意识起到了决定性的作用。在物质界，其运动变化完全受因果法则的支配。在生命界，自单细胞以至于植物、动物，一方面有生长、生育的目的或本能与冲动；另一方面也要受自然环境、生存竞争的影响，因而在自然淘汰、人为淘汰的因果作用的影响下发生变化。在人文界，人类持有生命安全、改善生活以及发挥其才智、保卫其国家等种种明确的目的，创造出人类的历史文化；但是人类的行为及其成败，与其时代及国家的文化状态、国际情形又有因果关系。不过这种因果关系与物质界、生命界的因果关系并不完全相同。不同之处就在于，人文界的因果关系不是绝对的、固定的，而是随时间的推移及人群努力的方向而发生变化。这也就是人类的自由，用康德的话来讲，自由就是自行开启一个因果链条。物质、生命、人文三个层次不可还原，各有其相应的学科。与物质界、生命界相关的学科是自然科学，与人文界相应的学科是人文社会科学。不同的研究对象对应着不同的学科领域：对人的自然生命、人与自然界的联系的

研究，形成了自然科学；对人的文化生命、人与社会的联系的研究，则形成了人文科学和社会科学。人文科学、社会科学亦有区别，前者是对人的生命存在和生命活动本身，即人的本质的研究；后者则是对人的生命存在和生命活动在不同方面的表现，即人的行为的研究。不同的研究对象还决定了人文科学、社会科学、自然科学有着各自不同的特点和性格；而且，正是这些区别、特点和性格，产生了三者对方法的不同的理解和需要。

自然科学以实验、观察、推理等方法，求得概念与概念之间不变的因果关系。史学的目的与科学相同，亦在于探究因果法则。但是，自然科学以其直接面对的自然现象为研究对象；历史学却不能直接面对已经成为过去的历史事实，它所直接面对的只是记载这些事实的历史文献。因此，历史学虽然具有科学性，但是并不能被同化于自然科学。基于相同的人性，胡秋原强调推理的方法，他认为"史学主要是一种推理的科学。史学家据史料推理，有如法官依据证人证物判案。此种推理之所以可能，即因人性有基本之相同，而人类活动之各种方式，已经有各种社会科学，如人类学、考古学、古文书学、社会学、社会心理学、政治学、经济学提供比较的解释与说明。知识愈广博，愈有助于推理，避免误信和武断"。具体而言，胡秋原将史学方法分为三个步骤：一是由史料的收集、鉴别，确定个别事实，然后加以连接；二是要对一个时代、一个社会及其文化现象作内外构造分析，并由此构造看其以前及以后的重大人群活动，作过程分析，看因革损益、成败兴衰之因果；三是世界史构造及其情形之研究法，即研究世界各民族及其文化在世界历史上相互交涉及其结果与趋势。历史哲学并不仅仅是对个别历史事实的确证，它还要求从中籀演出历史发展的规律，从而把历史事实归纳为一种理论体系。按照思辨的、分析的历史哲学的划分，胡秋原所言的史学方法论与价值判断论，都属于广义的历史认识论，属于分析的历史哲学的范畴。胡秋原重视对历史认识的可能性及其条件的考察，但他并没有将思辨的、分析的历史哲学打成两橛。在他所谈的方法论中就包括对"史观"（他称之为构造分析）的探讨，"史观"则属于思辨的历史哲学的范畴。在胡秋原看来，思辨的历史哲学与分析的历史哲学并非不可调和的两橛，"理论历史学"正是要在更高的层次上将二者统一起来。

在胡秋原看来，一般所谓的历史学方法，只是指史料的考证、辨别，仅仅确定了个别事实而已，这仅为史学方法的初步。史学方法的第二步是指借助各种辅助科学（如年代学、考古学、人类学、社会学等），将个别之事实连接为事态，尽可能看出事态之间的关联、构造与变化；进而对某一特定社会的内部构造（社会之道德知识状态、技术、制度、学艺）、外部构造（地理的、国际的）以及内外之间的相互作用（模仿、学习、和平通商与战争）加以考察与联络，理解其先后的因果关联与其一定时期的总结果。由于历史学研究的是全人类文化的变动，因此历史学除了有微观的构造分析，还必须进行宏观、动态的观察。这是史学方法的第三步。全局研究就是要了解整个世界的现状如何形成；动态研究就是要观察世界历史的动向，关注人类往何处去的问题。胡秋原认为各民族的历史构成不仅基于某一民族的内部构造；而且必须考虑到该民族的外部构造，"世界"则构成了"国家"的外部构造。历史学方法必须由微观的构造与过程分析法，上升到宏观的全局的历史构造及其转型研究法。因此，世界史必须在全世界东西南北民族的交涉中来研究，尤其是世界近代史，必须在东西文化交涉的背景中加以研究。

胡秋原特别强调史学方法论中的构造分析。"对于一时代一民族各种大大小小的文化构造加以分析，我们就可得到一个社会的大概骨骼，或一种文化潮流之脉络，这社会的整个存在方式，其中相互作用就可以明了，而若干人与事的'部位'可以看出，而所谓因果关系，亦往往自动出现。构造分析不排除因果观念，但整个事态之存在方式明了以后，我们知道关系不只因果一端，而因果关系也绝不是存在于甲因素与乙因素之间的，而是各方面的因缘和会所形成的。"胡秋原所言的构造分析，也就是一般人所说的"史观"。他主张内外构造的合成力造成历史的变动，因此反对一元论与决定论，也反对无法则的偶然论。通过构造分析，我们便可以了解当前历史状况的由来，也才可以由当前人类文化的得失推论将来的需要。这是历史因果论的完成，而人类到何处去亦可由此看出，这就涉及历史目的论问题，进入了价值判断论的领域。"理论历史学"由史学方法论与价值判断论共同构成。

价值判断论——历史必须作价值判断

分析派认为，历史哲学的任务应该就是，至少"首先并且主要"就是对历史的前提假设、历史认识的方法和性质进行反思，即考察历史认识的可能性及其条件。与分析派相同的是，胡秋原也对历史判断的前提假设作了深入的分析。有些分析派，如波普尔（1902~1994）认为，正是因为这些前提假设的存在导致了历史学的主观性，而将历史学视为伪科学。

与分析派所不同的是，胡秋原认为并不能因此非难历史学，相反，价值判断论是历史学的重要组成部分。胡秋原采用了分析派的方法，却得出了与分析派截然不同的结论。胡秋原强调历史学的科学性，却又反对将历史学完全同化于自然科学。胡秋原认为历史学同时还具有哲学与文学的性质。毋宁说，历史学家不可能像自然科学家那样，对其研究的对象保持价值中立，每个历史学家在理解历史的过程中，自始至终都存在着主观的因素，或者说某种前提假设。分析派认为这种情况将会导致历史失去客观性，而成为每个历史学家的主观体会。许多分析派历史学家借此认为历史学是伪科学，乃至取消历史学本身。虽然历史学家的价值判断无法排除时代性、民族性、阶级性等主观因素，但胡秋原认为并不能因此而拒斥价值判断。

胡秋原将价值判断建立在目的论之上，在他看来，正是普遍的人性奠定了价值判断的普遍性的根基。胡秋原反对历史决定论，他认为历史发展有多种可能性。既然人类历史有多种可能的前途，而选择何种历史道路则属于"应该问题"，即价值判断问题。它不是基于因果论的科学方法所能为力的，必须由目的论（生命、人生与文化的目的）研究价值为根据和标准。胡秋原说："方法论是研究历史上之因果问题的。但是理论历史学还必须解决价值问题，因为如不能确立价值判断之客观标准，则历史之客观叙述不可能，充分说明治乱兴衰不可能，答复历史何处去不可能，这就等于使全部史学不可能，而方法论亦无法施其技。但价值判断是目的论的，非因果论所能解决。因果论可以告诉我们在当前世界，由于种种原因与条件，人类有多种可能性的出路，而要选择一个最佳出路，则此最佳之标准，是价值判断问题，必须由目的论来解决的。再者，因果论之根据，一半在自然因果论中，一半在历史目的论中，没有目的论，因果论亦根据不足。"从"自由主义的马克思主义"，到

"新自由主义的文化史观",直到"理论历史学",胡秋原从未将道德(价值判断)与知识(事实判断)分离开来。

在先超越期,胡秋原以唯物史观与自由并论,在超越前期,他以文化史观与普遍自由并论。边沁(1748~1832)开创的功利主义,以"最大多数最大量幸福"为善恶之标准,胡秋原认为这一原则本无可厚非,但是它仅限于白人,并不包括殖民地人民,胡秋原将其扩充为"最大多数最大量最长久"的幸福,并名之为"新自由主义"。20世纪30年代以来,逻辑实证主义在历史哲学方面也有其影响,它根据"可证实性原则"斥逐价值问题,将价值判断仅仅看成情绪的表述,毫无意义可言。在胡秋原看来,否定善恶的区别,即是无事不可为的虚无主义。"近世西方史学以确立其科学地位而兴,曾几何时,史学的身份成了问题。这原因甚为简单。西方科学的史学观借进化论而起,这进化论也反映西方文化之盛势,一切历史哲学也只是追寻进化的原因。唯一难题,是价值判断。于今西方文化已非人类唯一标准,进化论不能用于生物学以外,所以科学史学受到怀疑,而科学又不能判断价值,于是史学失去方向了,于是史学变为钻洞。批评的历史哲学使若干问题澄清,然而也如他们自己所说,造成了更大混乱。所以我说西方史学已由盛而衰。"

胡秋原一方面否认历史必然论,另一方面也否认此类价值相对论及价值不能判断说。在他看来,历史必须作价值判断。胡秋原说:"中国之悲剧是由学术之落后开始的,尤其是因为史学落后,在二重文化危机中看不出国家之前途而来的,所以复兴民族必须由复兴史学开始。史学是知己知彼之学,必须经由中国史、西洋史、俄国史以及世界史的比较研究,才能判断中西文化之价值,看出中国可能而必要的出路;并研究欧美社会科学上之种种学说与其民族、阶级、集团现实利害之关联，才能不至将意识形态当作真理。"对历史作价值判断，是其历史哲学的另一个重要的组成部分。胡秋原强调对历史作价值判断，但他并不认同将历史简单地看成以德胜力、应该奉行王道反对霸道的历史。胡秋原的价值判断论是建立在目的论基础上的，他所主张的道德结合了功利主义与形式主义。

胡秋原将价值判断论建立在目的论的基础之上，价值以满足目的之功能而定。胡秋原指出："历史学不仅要说明兴衰治乱之由来，最后还要评价文化成就与得失，为因革损益之根据，此涉及科学技术、行为制度、文学艺术之价值判断。我由史学与科学、哲学之合作建立目的论，说明真善美之原理，而以正义、和平与文化创造力之解放为文化批评之标准。"胡秋原认为，中国人之所谓"志"（心之所之）即包含目的论。他指出凡生命皆有目的性，大脑活动也有目的性，而人类的文化创造亦皆有目的，三者合为历史的目的性。历史是人类通过生活向未来行进的过程。在这一过程中，技术是向自然获取共同生活资源的手段，道德风俗是在人类共同生活之间维持共同生活继续进行的条件，发展为种种社会政治经济制度。一切学问则研究自然、社会以改进技术和制度，而艺术则是表现人类生活状态，鼓励和安慰生活情趣的。确定了目的论，价值便有了根据，"应该"便有根据了。如果要维持文化的发展、历史的进步，就必须承认价值的原则。这是人道，因而也是科学的必要条件。

关于"美"和"善"的概念，胡秋原采用了孟子的定义："充实之谓美""可欲之谓善"。在胡秋原看来，真善美的欲求均根源于生命的本性，而成长于共同生活之中。凡所谓善皆由人类共同生活的可欲状态而来，善是人类共同生活、共同愿望的理想。判断某种行为是否合乎道德，有它的形式标准和实质标准。其形式标准是：凡善的行为必是相互可欲的，也就是说其可欲性是可以交互实行的。不难看出这一形式标准即是孔子所说的"己所不欲，勿施于人"，也就是康德的道德律："要只按照你同时也能够愿意它成为一条普遍法则的那个准则而行动。"这又可称为道德判断的逻辑标准。仅仅形式判断还不能决定善恶，道德判断还要有实质标准。其实质标准是合乎人类共同生活需要的目的，满足其条件。美感源自人类生命的形体和生长的状态，美是生命固有的性质；艺术是生命美之自由想象的创造，将生命之充实刻画出来即是美；自然美只是艺术美的投射。艺术美的形式标准是全体之调和，气韵之生动；其实质标准是人类共同生命、生活、文化的充实。胡秋原认为，可以通过科学、道德与艺术的状态观察一个社会文化的兴衰及其法则。因果论的史学方法论和目的论的价值判断论，共同构成了"理论历史学"的基础。

中国的历史文化与知识分子

胡秋原认为，历史哲学就是文化哲学或者文化批评。在他看来，"理论历史学或文化批评之理论根据是哲学人类学，即人是创造文化之动物，人创造了文化也便是创造历史，此其所以为'第二宇宙'之主体。文化批评有两大手续：一由史学方法论看各民族文化形成与变化的原因，一由价值判断论其得失，并由其现状看其可能的前途与应有的前途，最后，还可由文化批评得到人生哲学"。《古代中国文化与中国知识分子》一书可以看成胡秋原"文化批评"的应用。

胡秋原的文化思想构成了"理论历史学"的基础，将"理论历史学"应用于中国历史，其目的又是为中国文化的将来指明出路，即超越传统派、西化派、俄化派而前进。胡秋原超越前进的文化思想，在其 1962 年发表于《文星》的《超越传统派、西化派、俄化派而前进》和《由精神独立到新文化之创造——再论超越前进》两文中得到了系统的表达。在《我的哲学简述》中，胡秋原曾用一个图示说明自己的思想：

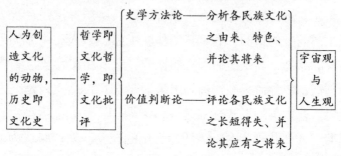

人为创造文化的动物，历史即文化史 —— 哲学即文化哲学，即文化批评

史学方法论——分析各民族文化之由来、特色、并论其将来

价值判断论——评论各民族文化之长短得失、并论其应有之将来

宇宙观与人生观

　　胡秋原认为，文化是人类的性能对环境交涉而产生的新的能力，这种新的能力是动物不具有的。文化是德行和知性的创作；技术、制度、学艺的发明，是人格的标志，是人类的生活方式，也是用来增进人道、扩张人力、维持和改进生活的工具。因此，文化是人类制造工具的前提，而不是相反。人是创造文化的动物，人类以文化开始其历史。等到人类发明文字以后，他们将共同生活的重要事实和经验记录下来，这便成了以后扩张、改进经验的基础，于是严格意义上的历史也就随着文字的产生而开始了。在漫长的历史道路中，治乱盛衰的由来和因革损益的成败，构成了历史的基本法则，也就是历史的意义和教训。人类从前人历史中而来，可由前人历史经验鉴往知来，进行适当的因革损益，而不是拘泥于过去。因为文化是人类知性和道德的创造，人类史也就是文化史，所以只能以整个文化的变动来解释历史。人类有共同的性能和愿望，所以，人群的扩大、生产的发展、人格尊严、自由和幸福的增进，一言

以蔽之，文化的进步是人心所同欲的，这也决定了历史进步的大趋势。因为文化的创造是在一定的自然、社会环境中进行，所以人类历史是其中各种力量，因缘合会、此消彼长而产生的结果，胡秋原称之为内、外构造分析法。又因为文化是人类的创造，所以历史的发展并非严格按照一定的阶段而发展。胡秋原反对历史决定论。

历史中各种力量的此消彼长、相互作用，会不断产生新的问题，这需要前知早识之士进行文化的因革损益，也只有这样才能导致文化的进步。一般而言，知识分子正是新技术、新观念、新思想的倡导者。在胡秋原看来，知识分子是历史进步的动力，虽然亦必受社会之节制。徐复观也曾说在人人成为知识分子以前，知识分子在社会进步上，自然较其他人有重要的作用，这早已为人类的历史所证明。他们的性格，一直到现在，依然可以决定中国历史的命运；因为决定命运的政治与文化还是在这班人手里。于是，他们的命运也几乎就是中国历史的命运。专就对知识的创造、拥有而言，胡秋原认为希腊所谓智者、爱智者，罗马所谓文士，17世纪以来欧洲所谓哲学家、科学家、著作家，以及中国自古以来所谓师、儒、士、圣、贤、哲、文人、学士，一般被称为"读书人"者，现今以知识、学问、文章、技术从事精神劳动的人，都可称为知识分子。广义上，一切创造，乃至具备知识和技能的人都可称为知识分子；但是，胡秋原所看重的仍是知识分子的社会功能，他更多的是以社会学的进路来理解知识分子的，而非着重于学术史、思想史的进路。

因此，胡秋原不光看重知识分子的"知识"，也重视知识分子的"道德"。在《近代中国知识分子之失败》一文中，胡秋原指出："所谓知识分子是一国最优秀人物，即最有学问与道德，代表一国智慧和良心的人物。"胡秋原将知识分子的功能概括为三个方面。其一是文化创造的功能。知识分子总是用他们的智慧，启发和增进一般民众的智慧。其二是在政治上立法创制以保护人民的功能，这形成了中国传统政治中"二元政治"的架构。其三便是应付危机解决疑难的功能。在胡秋原看来，知识分子不仅是文化创造的担当者，知识的传授者，而且还是道义的维持者。他们传递文化火种，推动社会进步，主持社会正义。总之，一个国家的生命，在于其文化学术；而一个国家的生命力，在于知识分子，在于他们的责任和自尊心。推己及人，博施济众，中国的知识分子很早就有这种身份意识。

胡秋原认为中国文化有两大特性：其一，中国文化的有机性和创造性。和其他同样古老的文化相比，中国文化一直延续了将近五千年之久，从未中断。其二，中国文化的亲和力和包容性。中国文化的扩张和统一，并非由于征服。中国文化之所以有这两大特性，不仅是由于中国文化本乎人情，合乎理性，还在于中国人发明了极其聪明的汉字。在胡秋原看来，中国文化的创造性和包容性不仅成就了中国文化的可大可久，而且胡秋原也根据中国文化的特性，来定位中国知识分子的特点、精神、地位与作用。徐复观也曾说："知识分子的性格，首先是关系于它所持载的文化的性格。"胡秋原认为，中国知识分子与其他古老文明中的知识分子相比，具有两个特点：其一是人文性。虽然各国知识分子最初都来源于原始的宗教活动，以事神为职责。在中国，情形也一样。但是中国人文主义发达较之其他文明要早，中国知识分子最早从宗教中解放出来，研究现世的知识。其二是平民性，希腊最早的知识分子是奴隶主，他们在闲暇中探求知识，而中国最早的专门知识分子是史官。孔子被视为中国文化代表，他的远祖虽是宋国贵族，到了他这一代，已地位卑贱。

在胡秋原看来，中国知识分子不仅在思想上维护平民利益，而且还将道义化为人格尊严。知识分子担当道义几乎成了不成文法。他们不仅坚守核心价值，而且努力推动这些价值的实现，具有"儒侠身兼"的精神。同时，中国的知识分子也心怀隐者的情怀，他们以无声的觉悟做有声的事业。胡秋原认为孔子与儒家、墨子与墨家、老庄与道家，代表了中国知识分子儒、侠、隐三种样态、三种精神。在胡秋原看来，孔子兼具儒、侠、隐三种精神。孔子不仅是一个温良恭俭让的儒者；而且孔子刚强，虎虎有侠气；同时，孔子具有隐者精神。"儒无侠则虚，侠无儒则盲。"真正的儒、侠、隐都是专制者所不喜的。胡秋原指出："儒、墨、道，与其说是三个学派，不如说儒、侠、隐是中国学者之'三态'。而'儒'也可说是其通称，虽然这三者还是可以分开来谈的。数千年来，中国知识分子以平民代表的资格，本忠恕立场、仁义原则，为生民请命；必要时，挺身而战；万一无法，退保方寸之安。但无论如何，不受货财暴利之淫屈，可杀而不可辱。这是中国知识分子之精神。"他认为这种精神铸就了中国的国格，保证了中华民族的生存与发展。没有这种气概，就没有中国。

胡秋原肯定尊师重道的传统。他认为一个社会尊师重道与否，与其国运的隆昌或凋敝有直接的关系。正是因为中国人尊重学问，而且中国的学者能自尊，"所以才有我民族之文德，造成这大这久的国家。在这传统之下，即使是强盗，都不敢侵犯读书人……在中国，'士农工商'，士居四民之首。但是'渔樵耕读'，读的也是四业之基。尊重读书人不是保持读书人这一阶段的特殊地位，而是尊重真理与公道，亦即人道，而是尊重学问与知识；盖学问与知识也者，是最民主的，是人人可学

113

而得的。在金钱与权势两大力量之前，提高学问之地位，不仅可以保持平民最后之尊严，亦是用以改革社会之武器。知识分子之可贵，在其代表平民"。中国的士人知识分子代表平民，立身于道统，对抗现实的政治权力，导致了二元对峙的政治结构，形成了所谓的开明专制，造成了中国专制主义的长久生命力。

但是，儒家对专制的限制是柔性的。直到近代，儒家最终也没有发展出一套限制皇权的民主制度，进而发展出民主政治，使中国彻底摆脱治乱循环的怪圈。胡秋原认为，秦汉以来的中国历史，表现为皇朝和儒生两种势力的协调和冲突的循环，其在历史上的大致情形如下：一、凡政权（君主）与儒生（知识分子）合作时代，一定是国家兴盛安定的时代。二、政权与儒生矛盾的时代，一定是国家衰落的时代。三、凡读书人对现实绝望的时代，一定是国家乱亡的时代。四、读书人在野之教化事业，常为国家复兴的源泉。胡秋原将这种君与士的对立称为"二元政治结构"。秦汉以来中国政权都是武力取得的，所以政权都操弄在武力集团之手。但是，孔子和儒家的努力却在中国历史中造成一种二元政治结构，即武力集团的皇室与主持政治的知识分子的二元势力的对峙。二者调和之时一般为国家兴盛之时；二者冲突之时，一般是国家衰乱之时。

在胡秋原看来，中国历史的治乱循环主要是因为二元政治结构造成的，其与外来思想、外部蛮族问题也有关系。近代西方列强入侵中国以前，外来思想和外部蛮族从来没有真正对中国和中国文化构成威胁，尤其是在中国文化的繁盛时期；相反，外来思想和外部蛮族常常是被汉文化、汉族人兼容并包，最终的结果是丰富了中国文化与中国民族的内容。但是在文化的凋敝期，二者也常常成为中国及中国文化衰落的诱因。不过，经过一番因革损益之后，外来思想最终常为中国文化所吸收，构成新文化的一部分；外部蛮族，常在新文化的复生过程中，被中国民族所同化，而构成其一部分。在文化上，最经典的例子就是中国文化对佛学的吸收，并最终形成中国的佛学，如禅宗。民族的融合更是多次发生。鸦片战争之前，"异端"与"夷狄"都没有最终改变中国的历史节奏，其结果仅仅是扩大了中国民族、国土和文化的范围。

胡秋原通过对历史文化与知识分子关系的分析，并结合对外来思想、外部蛮族这两个历史因素的考察，抽绎出了秦汉以来的历史公式：一、在王朝或皇朝初期，知识分子与之合作有道，中国民族充分发挥其创造力，使文化得到发展。二、文化发展的结果，一方面是文化本身的进步，社会的安定，人口的繁盛；另一方面是中国文化的扩张，辐射至蛮夷地区。三、此时正需要政治公道，生产发达，来应付日益增加的人口压力以及日益扩大的国民要求。然而权力圈日益萎缩，权力逐渐集中于少数人之手。当权者利令理昏，权令智昏，趋于腐败无能，萎缩的权力圈与日益扩大的国民国土不能调和，于是产生政治上的不满以及社会分裂。此时社会已到了危机时代。四、社会的分裂首先表现为学术的分裂。正统学派之外，有新的反对派。反对派多半是在野的知识分子，他们大抵都能忠于其道，对当前危机提出新的意见。反对派学问最初不过是原来学术之一部分，其后逐渐独立。前一代的反对派，常为下一代的主流，这几乎成为中国学术不变的定律。五、当社会危机发展为学术分裂之后，皇朝统治阶级一般有三种应付的方法。一是直接屠杀知识分子，其结果是其自身迅速地灭亡；二是与在野的知识分子合作以解决危机；三是一时敷衍后，采取压迫或牢笼双管齐下政策，其结果是知识分子群体本身的分裂。一部分依附于王朝，与王朝作无道合作。一部分成为温和的或激烈的反对派：前者撤回与皇朝的合作，面对将来；后者奋起反抗现实。统治阶级大多采取第三种应对方法。六、在这种情况下，皇朝终究难逃覆灭的命运。此时皇朝无力应付危机，内忧外患接踵而至。统治阶级除了凭借武力予以镇压，没有任何思想能有效地因应危机。到了统治阶级没有思想，而不满的民众有了思想之时，民变就不可避免了。此时知识分子只要不支持旧皇朝，旧皇朝必定覆灭；如果地方实力派能得到新知识分子的支持，一定能"削平群雄"，取旧皇朝而代之，建立新皇朝。于是便又回到了"一"的局面。七、中国周围尚有"夷狄"，因此情形更为复杂。当夷乱与民变发生以后，大抵有两种情形：一是皇朝与知识分子合作，抵抗"夷狄"；二是皇朝不能与知识分子合作，这将导致"夷狄"入主中原。八、无论民变或"夷乱"，在造反、入侵之时，也许有自己的旗帜。但是，"夷狄"入主中原后能否顺利实现其统治，以其是否接受中国文化为断。

中国文化与中国知识分子，虽然能缓和专制，但是毕竟没有最终建立起民主制度，使中国彻底摆脱治乱循环的怪圈。胡秋原认为，世界各国在政治上，除狩猎群和部落以外，大致都会经历由地方的封建国家，经统一的专制国家，到统一的民主国家的发展过程；在经济上，除狩猎、游牧社会以外，一般也会经过三个发展阶段，即农业社会、农业及手工业社会、机械工业社会。中国历史显然并没有遵循上面的发展阶段。胡秋原将这一现象称为"中国文化的早熟和晚达"。从历史的角度来看，秦朝已经是一个统一的专制国家，续之而来的汉朝，之所以没有很快地进入民主制度国家，原因在于当时并不具备走向民主制的历史情势。秦始皇用韩非之术，以后的汉朝只知因循秦朝旧制，尤其多采用其主尊臣卑之法。在政治上，大一统促进了国家的安全和秩序，但以自由为代价，造成了"无所逃避于天地之间"的专制局面。特别是当时匈奴勃兴，专制大一统有利于抵御外侮，但是平民的地位也有所牺牲。而且御侮需要武力，武力正是专制之本。由于中国是范围很大的陆地国，在大一统下"自由都市"无法产生。历代以来，工商业虽然有所发展，但是还不能够在国土广大的中国产生决定性的变化。因此，中国的民主制度，只有等到近代机械工业发展之后才会产生。

从治乱循环的"历史公式"中，胡秋原还分析了中国文化与中国知识分子的弱点和致命伤。其弱点在于三个方面：一是没有控制皇权的办法；二是没有保障国民财富的制度；三是学术上的保守主义、崇古主义。这些弱点和中国知识分子在中国历史上的政治地位结合起来，就构成了中国知识分子的"致命伤"，即仕与隐、客气与洁癖、书生气质。在胡秋原看来，中国历史上的知识分子多直接参与政治或关怀政治，用其聪明才智于生产、科学、技艺的人少。有很多知识分子甚至直接卷入政治旋涡，其结果往往是事倍功半。但是在先秦松散的分封制社会管理之下，知识分子毕竟尚可"以去就争"。在实行郡县制的汉代，这种风气也很盛。西汉时期有很多士人不与朝廷污秽苟同，退而至野，躬耕自晦，形成了一种舆论道义的风尚。至东汉，朝野士人结合起来，"激扬名声，互相题拂；品核公卿，裁量执政"，史称"清议"。东晋的陶渊明还能"不为五斗米折腰""田园将芜胡不归"。而自唐宋以来的科举取士，通过制度化的方式将知识分子的命运与政治捆绑在一起。知识分子成为官僚，靠俸禄生活，因而大受其累。这种紧张导致知识分子与政治之间，没有缓冲地带，从而造成了中国知识分子特有的仕与隐、出处进退的两难境地。徐复观也曾指出："唐宋以前和唐宋以后，知识分子与政治的关系，有一个很大的区别，知识分子的性格，大概地说，也可以分为两个不同的历史阶段。"

中国知识分子陷于仕隐循环，正如中国历史陷于治乱循环一样。知识分子要走出仕隐循环，要么在政治上自己做主，要么彻底脱离现实政治，深入民间。但是，大多数知识分子只想寻求一个明君贤主，认同以皇帝为主体的意识形态，即"客气"；深入民间社会，不依赖政权而生活，意味着知识分子首先要有经济独立性，但是他们又轻视生产营利，即"洁癖"。仕隐的尴尬与根深蒂固的"客气"和"洁癖"，相互影响，而造成了他们"感伤""狂狷""玩世"的"书生气"，而且又很容易走到欲盖弥彰之作伪与寡廉鲜耻之躁进的另一种极端。要走出这种怪圈，需要民主法制的确立。但是，在人人成为知识分子以前，知识分子在民主法制理论的构建和最终在社会的确立，自然较其他人有重要的作用，这早已为人类的历史所证明。

胡秋原看重知识分子的历史作用，认为儒家知识分子以其道义担当抗议威权，着力于消解君主的政治主体性，从而缓和了专制的程度，形成开明专制，护持住中国的历史进程和文化慧命于不绝。胡秋原对文艺自由、自由知识阶层主张的坚持，以及在20世纪70年代对台湾乡土文学的声援，皆可在广义上看成对知识分子道统的护持。胡秋原看重知识分子的历史作用，但并不意味着他主张士人决定论。在历史发展过程中，技术、制度、学艺等文化的三个部分是相互影响的，任何一方都不能偏废。至于未来中国之路，胡秋原认为应当超越传统派、西化派、俄化派而前进。

第8章

超越前进论

二重文化危机

将"理论历史学"应用于对中国历史、世界历史的考察，分析其得失，探求其出路，所得到的答案就是超越前进论。

超越前进论是胡秋原学术思想的归宿，是他为未来中国设计的蓝图。他的历史哲学既是对中西历史哲学思想的批判、继承和发展，又是对现实，特别是甲午战争以来中国民族苦难现实的回应。在这个意义上，胡秋原一生的学术研究都是以对"中国往何处去"问题的探寻为起点和归宿的。欲知大道，必先治史，"理论历史学"是"治史"，超越前进论是"大道"。

中国自近代以来遭逢二重文化危机。胡秋原作为一位具有宽广视域、厚重历史感与道义担当精神的思想家，对此有深入的体察和精辟的分析。所谓二重文化危机，即中国文化危机与西方文化危机。前者由科学技术之不发达造成，后者则由科学技术的片面膨胀导致。具体而言，近代文化危机又分为两个方面，即科学帝国主义与政治帝国主义。二十世纪六七十年代，以美国为中心，形成了比较完整的现代化理论体系，并对外大肆宣传。此时的台湾新西化派唯美国马首是瞻，极力鼓吹"现代化"与"行为科学"。胡秋原认为美国所推销的现代化理论是非理性、非科学、非自觉的，其实质仍是帝国主义与殖民主义，因此也无法真正解决中国近代文化危机。在他看来，亚洲，特别是中国的前途不在于西方所推销的"现代化"，而应以自己的方式发展，具体而言，就是超越传统派、西化派、俄化派而前进。

鸦片战争以来，与列强的屡战屡败，将中华民族推到了生死存亡的境地，直接产生了前所未有的中华民族的生存问题。曾经为国人引以为自豪的中国传统文化，不足以应付所谓"三千年未有之大变局"，导致了深重文化危机。因此，在胡秋原看来，中国的知识界除了要直面中国文化究竟还有无地位和价值的问题，也必须直面对优胜的西方列强及其文化采取何种态度的问题。"于是有所谓东西文化或中西文化问题，此表示中国文化之危机，而我们无力解决，日益进入西化之过程。到了第一次大战时，所谓新文化运动，竟以彻底西化为解决之道，而不知会造成自己之空虚。而在'五四'民族运动大起以后，西化无可为用，而此时西方文化危机充分暴露。"也就是说，近代中国遭遇到了二重文化危机：中国文化危机与西方文化危机。胡秋原认为："危机者，指一种文化或其技术制度，学术思想业已发生毛病，不能应付内外问题，或引起内部分裂和反抗，到了必须转变的时期，而转变也才是转机。"危机不仅是指危险与转变的紧要关头，危机也意味着转机。人类文化正是在因应危机的过程中得到发展的。

文化危机曾在中国和西方历史上多次出现过。在中国，礼崩乐坏的春秋战国时代，就是一大文化危机的时代，先秦诸子百家由此而起。而且，社会问题和文化危机是不断发生的。中国历史上的末朝或大乱时代，也都是文化危机的时代，由乱而治也就是解决危机而复兴。西方历史也经历了很多次大大小小的文化危机，柏拉图、亚里士多德哲学，奥古斯丁"上帝之城"的神学与哲学思想，黑格尔的法哲学与历史哲学，都是因应西方文化危机而取得的成果。近代西方文化的三大高潮——文艺复兴、启蒙运动以及19世纪初叶德意志的浪漫主义，都是西方人解决其文化危机的体现。胡秋原指出："危机起于冲突（内部或外来的）。当中古时代'神''人'冲突趋于严重之时，文艺复兴期西方人以人文主义结成民族国家，并以自然主义的学问方法发展科学革命解决其危机。西方人并由此发展殖民主义。当'自然'与'社会'冲突日益严重之时，启蒙时代以自然法的理论应用于社会解决其危机，结果是法国大革命与工业革命。当'自然'与'民族'和'精神'发生冲突时，德国人以历史主义、民族主义、精神科学解决其危机。这也就是黑格尔时代。"文艺复兴、启蒙运动、浪漫主义三次文化运动硕果累累，奠定了整个现代社会的基石，导致了科学技术和资本主义的飞速发展。

科学技术是现代西方文化的重要成果之一。这里需要指明的是，胡秋原使用科学的概念有狭义和广义之分。广义上的科学是指有系统的知识，即一般所说学问。狭义的科学是指"自然科学"。这里的科学是狭义的科学，即自然科学，是与价值理性相对的工具理性。但是科学技术的片面膨胀致使文化发展失衡，引发了科学与哲学之间的冲突与论战，近代西方文化危机亦由此而产生。胡秋原将近代文化发展的不平衡，分为内外两个方面："一为内在发展不平衡，此起于势利主义，表现于国内之人压迫人，道德与科学之矛盾。二为外在发展不平衡，此表现于文野之别、先进落后之别、国际上之民族压迫，帝国主义由此而来，而东西方文化差别观亦由此而起。"文化的内在失衡与外在失衡是相互影响的。文艺复兴以来的西方文化，原是在精神和物质两方面平衡发展的，经过18世纪的启蒙运动而达到一时的圆熟状态。胡秋原在《近代西洋哲学之背景与概况》一文中指出：

> 这只要想到启蒙运动根据同时起来的牛顿力学与洛克哲学，演绎出自由平等博爱的口号，即可了然。而人民权利，"听人民好自为之"（laiss'ez faire，放任主义），不仅是物质的，也是精神的。而这也是符合一个新兴市民阶级之人生观的。而此一新市民阶级，也代表当时大多数国民。这一平衡发展，也迅速促进欧洲人的智力与国力。终于十八世纪末工业革命发轫了。十八世纪以来，欧洲已利用亚洲之劣势，对亚洲滥用其权力。于是在十八世纪末，吉朋、亚当·斯密等人，已开始以西方文明与东方文明对立，而自觉其优越。同时，欧洲既成势力亦利用此一新的情势在国内滥用其权力。如是卢梭开始指出西洋文化内部之矛盾，即科学与道德之冲突。

近代西方文化的特色和成就，即在于科学技术与资本主义的发达。但是，人们鉴于科学技术的极大威力，片面发展科技文明，一味扩张工具理性。不仅以自然科学征服或否定其他一切学科，不知科学的界限而将科学方法无限制地扩充于其他学科领域；而且主张科学只问事实，只论形式，借此否定其他一切哲学以及有关价值的研究。这就是所谓的"科学主义"。正如海德格尔所分析的那样，技术成了人的宿命。对生活的所有方面来说，技术都起决定性的作用，并且它是以某种"集权专制"的方式进行控制的。海德格尔把现代技术的本质称为"构架"（Gestell，或译为座架、框架），无非是指技术并不仅仅是手段和工具的总称，还是世界供人差遣、为人所用的方式。胡秋原认为，实际上科学"原指理论的知识系统，技术只是其结果。然时至今日，一提到现代文化，就是西方文化，西方文化就是科学，科学就是自然科学，自然科学就是技术，就是'know-how'——此类谬见虽是绝大多数的西方人东方人共同持有的，然其流行，至多不过是近百年间之事"。科学定于一尊，其他各门学科的独立性被取消而成为科学的附庸，文化发展的平衡状态遭到了破坏。在这个意义上，胡秋原又将科学主义称为科学帝国主义。正是科学帝国主义导致了近代西方文化的危机。

科学主义主张以自然科学为整个哲学的基础，不知科学的界限而以自然科学方法为所有学科所共有的方法，并否定价值的存在或主张价值相对主义。科学技术无疑是现代西方文明成果的重要组成部分，亦是其典型特征之一。近代以来科学技术的迅猛发展，给人类生活带来了许多便利。但是，科学技术的片面膨胀而不知其界限，将自然科学的方法论和研究成果简单地推论到人文科学领域，并确信科学技术能解决人类一切问题，这种科学主义的主张却给人类带来了巨大的灾难。胡秋原在《论最近西方哲学新潮与科学帝国主义》一文中，将科学主义的危害概括为六个方面：一是在科学主义的逻辑、方法论以及现代化理论的指导下，人文社会科学遭到了扭曲，文学艺术也被商品化了，道德规范被当作现代商业游戏的游戏规则。二是在科学帝国主义的社会，既得利益集团利用这些被歪曲的知识和科学工具来控制人民。三是电视的普及给意识形态的传播带来了极大的便利，电视日益成为麻醉大众的工具。以上三者合起来，其维持既存权力的功效固然很大，然而也使得自由讨论日益困难，以至于民主政体失去功能。四是人类所持有的核武器足以毁灭整个人类和地球。五是种种化学工业导致了极大的环境污染，业已给人类造成了许多祸害。六是科学帝国主义也是技术帝国主义的工具。西方国家国内阶级对立日益解消，却加紧控制第三世界，进一步加大了发达国家与发展中国家之间的贫富差距。科学无疑是"利用厚生"的人类伟业，而且科学的知识体系的影响，也必然延伸至人的世界观、人生观以及思想方法的领域，使之逐渐获得科学精神。但是，如果由此便确信人文社会领域，乃至人本身的整个心理结构都必须为科学化，唯工具理性独尊，取消价值理性的独立性，甚至全然拒斥之，这便演变为一种既僭越又庸俗的科学主义，为现代人类社会的主要病症之一。杜维明称之为"启蒙心态"（Enlightenment Mentality），是一种必须予以对治或超越的理智的傲慢。"科学不思考"是海德格尔的名言。科学主义遵循着实证主义的意识形态，对技术进步的功效深信不疑。它却忘记了科学的本性就是怀疑，就是经常地推敲自己的方法和步骤，不断地自我反省、自我批判。科学主义局限于一个简单而牢固的观念体系，可以说科学主义所局限的思想框架是最狭隘最僵硬的框架之一。

文化的失衡既是指文化内部的技术与制度、科学与其他文化发展的不平衡；又是指各民族间文化与工业发展程度的不一致。文化内部的失衡导致了科学帝国主义；文化之间的失衡则会导致帝国主义与殖民主义，也即政治帝国主义。科学帝国主义与政治帝国主义是相互依存的。西方文化的基础是基督教，文艺复兴之后，西方文化的特色在于科学与资本主义的特殊发展。胡秋原认为："工业革命后，在国内发展了民主政治，对外则发展了帝国主义。而在学问上便形成了'科学主义'或科学帝国主义。西方帝国主义由东方落后,即文化发展不平衡而来;科学帝国主义则由西方科学片面发展,压倒和支配其他人文科学,造成学术发展之不平衡而来。政治的学术的帝国主义结合起来便造成势利主义,蔑视道德和人的价值,此即虚无主义。此即所谓西方文化危机之本质。"正是着眼于科学被定于一尊,其他学科处于被科学支配的地位,胡秋原也将科学主义称为科学帝国主义,而与政治帝国主义对举。

科学主义的流行导致了事实与价值、科学与人文的分离和对立,使人们走上了势利主义,即虚无主义之路,进一步加剧了政治帝国主义。掠夺经济、独裁政治和强权外交,国内的阶级对抗以及两次世界大战均由此而产生。胡秋原在《西方文化新动向与虚无主义及西方中心主义之克服》一文中指出:"虚无主义不仅是道德真空和打破,也是思想真空和打破。而就其本质而言,实是势利主义之发展。势利主义是一历史现象,例如Philistinism, Authoritarianism, Plutarchy, 以及罗马的'皇帝崇拜'和路易十四的'朕即国家'等。但势利主义到近世之独占资本和强权政治而极,所以虚无主义也到近代而烈。近世首先发展的,是拜物教。此马克思指摘布尔乔亚的'商品拜物教'。……然特殊之'利',没有特权来维持是不行的。如是便有军国主义、帝国主义、炮舰政策。……其次要指出势利主义是卑劣而愚蠢,而且终必自灭的。既然崇拜势利,则小利对大利低头,小势对大势下跪,乃'势利逻辑'。"可以说,整个西方文化危机即是虚无主义的发展。

17世纪以来中国文化内部已开始陷入危机状态。在上述的"势利逻辑"下,强权就是公理,落后必然会招致侵略。因此,这又导致了西方文化对中国文化的强势入侵。这就是近代中国二重文化危机的由来。胡秋原指出："如果西方文化危机是由十七世纪以来片面的科技文明之发展所造成，则我们的危机是十七世纪以来科学技术落后所造成。于是有鸦片战争以来之惨败，此证明中国固有文化已不足保持自己的生存。"在古代，中国文化与希腊罗马文化并驾齐驱；在中古，中国文化高于西方；近世初期（明初），中国文化犹高于西方；直到明代中叶西方国家才赶上并超过中国。这已为中外史家所公认。胡秋原认为，造成15世纪末、16世纪初中西文化地位变换的关键在于航海。他在《向历史道路前进》一文中指出："西人得美洲而发展资本主义，发展民智和国力。中国则自明初朱元璋实行闭关、八股两大政策。成祖一时大举航海，但亦不久停止，而太监主义则同时确立。由于闭关主义、八股主义、太监主义三大毒害并进，中国人聪明才智遂日益被西方人赶上和超过了。……而清人入关，师亡明故智，继续三害。雍正复加强闭关，设立军政府，大兴文字狱。此时西人益发展资本主义促进科学与民权运动，终进于工业革命，使科学与资本主义飞跃发展，中西文化益大不平衡矣。鸦片战争是此一进退与不平衡之结果而非原因。"牟宗三对近代中国的衰败亦有文化上的分析，他认为中国的民族生命在明清两代受到挫败，文化生命随之受到歪曲，乾嘉考据学的大盛即是歪曲之下的病态发展，从此中国文化的传统、命脉被折断了。牟宗三认为晚明大儒顾亭林、黄梨洲、王船山实际上均继承了中国生命的学问的传统，重新反省秦汉以降的政体与制度。大体上说，他们的心志与西方17、18世纪的方向并无二致，但是因清朝之歪曲而无法畅通，然而西方却是一帆风顺，向近代化而趋。因此，牟宗三认为与其说中国落后了三百年，倒不如说是歪曲了三百年。牟宗三对近代中国文化的落后作出了哲学的分析，他所谓的文化主要是指道德心性之学；胡秋原则作出了社会学的分析，他所言之文化包括技术、制度和学艺三个部分。

19世纪以降，东西文化发展的不平衡进一步加大。以现代科学技术武装起来的欧洲人在全世界完成了势力范围的划分，建立起帝国主义殖民体系。帝国主义又进一步刺激了西方科学技术的发展，因而扩张了西方帝国主义的财富与权势。胡秋原在《近代西洋哲学之背景与概况》一文中对此作了深入的分析：

> 帝国主义人工的扩大东西发展不平衡，巩固他的特殊地位，便使西方文化染上势利主义的疾患。财富权势不是坏东西。然认为目的，不择手段而专权专利，以武力实行帝国主义，则变成势利主义，则是坏东西。如是，昔日先进之东方，在西方人心目中，被视为"停滞""落后"乃至于"野蛮"了。这无非是优越感。而被西方压倒的中国，便在对西方文化抗拒、挫败和模仿过程中，发生所谓中西文化问题。然无论对西方文化之排斥、欣美，或对自己文化之夸张（且不论中国文化如今尚剩几许），都不免表现为自卑感。此东西文化之峻别和对立，意即人类文化之分裂。同时，也就说明东方或中国文化之危机——没落，恶化，崩溃——这一事实。（虽然中国文化之根骨依然在支持中国民族之生机。）

可见，中国文化的危机，必须放在西方文化危机的背景下始能充分了解，也只有认清了西方和中国二重文化危机，才能充分地解释近代以来中国地位的变化及其所面临的问题。

为了解决所面临的二重文化危机，国人提出了林林总总的解决方案。胡秋原将这些解决方案概括为五种类型：传统论、西化论、俄化论、折衷论、超越论。在他看来，前四种类型无疑都是失败的，因此他主张超越传统派、西化派、俄化派而前进。胡秋原的超越论正是建基于其对二重文化危机的深入分析。胡秋原指出："所谓超越传统主义、西化主义、俄化主义，不是不研究中国和西方文化，或苏俄马列主义之意。恰恰相反，这正是要对此三方面作比较研究，不过必须站在主体的立场，用学问的方法，了解文化盛衰进退之故，再研究一百五十年来我们失败之过程教训，考察自己的需要与条件，提高自己的水准不逊于人，而且要保持自己的团结，避免他人的缺点。要自出心裁而不可模仿，要求胜于人而不可化于人。"胡秋原对知识分子群体的传统派、西化派、俄化派的划分，自然要着眼于他们的学派归属。但是，在很大程度上，胡秋原将近代以来知识分子群体的争论，看成意识形态的纷争。意识形态的纷争又各自具有不同的国际背景，于是在内外交相迫害和污染之下，近代以来中国知识分子群体本身分裂了，遭遇到了一波又一波的挫败，导致了无谓的内耗，最终造成了对民族国家的伤害。因此，胡秋原所说的超越，除了有其学理上的内在逻辑，如强调文化的平衡发展，强调传统与现代的双向批判；也是为了消解、超越知识分子群体意识形态的纷争，弥合分裂的知识分子群体，凝聚知识分子的力量以重建道统。他谈超越的最终落脚点还是知识分子道统的重建。

对现代化理论的批判

从第二次世界大战后至二十世纪六七十年代，以美国为中心，形成了比较完整的现代化理论体系，并对外大肆宣传。1965 年由美国资助，韩国高丽大学亚细亚研究所举办了一次

"亚洲现代化问题国际学术会议"，向亚洲各国推销"现代化理论体系"。胡秋原本为被邀请的中国学者之一，却因台湾当局禁止其出境而无法与会，但他撰写了论文《亚洲之历史的道路》，寄予会议主办方。是文指出"现代化"一词意义暧昧、含混不清，其理论是马克思与韦伯理论的混合，其实质即是西化，因此主张亚洲各国不要盲目接受这种所谓"现代化理论"。1968 年，胡秋原得以有机会到韩国，他在主办这次会议的高丽大学，就"亚洲现代化问题"作了题为《亚洲前途："现代化"? 还是"以自己的方式发展"?》的报告，主张亚洲的前途不在于"现代化"，而应以自己的方式发展。

"中西文化论战"之后的台湾，当国民党于 1967 年所推行的"中华文化复兴运动"渐趋守旧乃至流于官样文章时，西化主义已甚嚣尘上。自此以后，现代化与行为科学在台湾学界、媒体的宣传之下，几乎成了当代社会的福音。当时的西化派非《文星》"中西文化论战"时的西化派。后者是胡适式的，以逻辑与语义学为主要工具，出面的是以李敖为首的几位青年。前者唯美国马首是瞻，以现代化与行为科学为标签，鼓吹者是一批留美后返台的学者。胡秋原将前者名为"新西化派"以示区别。新西化派人士或任职于科研机构，或任台湾各高校之教席。他们拾美国人牙慧，常在课堂上对青年贩卖现代化和行为科学，攻击民族主义，讽其为右派和义和团。只是他们的攻击仅停留在口头上，尚未付诸文字，胡秋原因此也未撰文批评之。此类对民族主义的抨击自 1977 年以来始见诸报端。自此以后，台湾渐有三派人物攻击《中华杂志》所提倡的民族主义：一为"台独"分子，二为新西化派之假学人，三为反共者。三派中的新西化派特别高唱行为科学和现代化理论。1978 年他们在《中国时报》所召集的"评索尔仁尼琴的哈佛演说"与

"中国历史传统与现代化"两个座谈会上，极力鼓吹现代化、行为科学，并攻击民族主义。胡秋原一贯提倡人格、民族、学问三大尊严，在台湾是民族主义的重镇。对民族主义的攻击，一向为胡秋原所不容。胡秋原对现代化理论的批判，始于1965年韩国高丽大学举办的"亚洲现代化问题国际学术会议"。1978年《中国时报》的两次座谈会，则成了胡秋原与新西化派正式交锋的导火索。此后他系统地批评了台湾的新西化派及其所鼓吹的现代化理论。

1978年9月，胡秋原在《中华杂志》上撰写系列文章，批评台湾的新西化派，并对所谓现代化、行为主义的论调作了理论上的清理。在1978年9月号《中华杂志》上，胡秋原发表了《研究和解决中国问题的两条道路》《关于"现代化"》及《关于政治学上的行为主义》三篇文章，他指出："今天此处唱现代化与行为科学人士，无非是西化主义之延长的美化主义。这一套意识形态在美国也正在消逝，他们还以为是新潮。这'听美国人的话主义'是非理性、非科学、非自觉与殖民地化之路。"继而胡秋原又撰写了《由马克斯（思）与韦柏（伯）论现代化之理论与实际》，并节译《工业化与现代化》，刊于《中华杂志》1978年11月号，系统地批评了现代化的"理论"及"实际"。同一时期的《中华杂志》，还刊有王晓波、陈映真、刘源俊等人著译的，讨论现代化、民族主义与新殖民主义的文章，《中华杂志》可以说是台湾批判新西化派的重要阵地。王晓波著有《"现代化"问题的质疑》《评"现代化"的殖民主义》，刘源俊著有《也谈"现代化"与民族主义》，陈映真译有多尔所著的《论现代化理论之可能性及可欲性问题》，艾篴著有《谈民族主义与现代化》，均刊于《中华杂志》1978年第16卷上。到了20世纪80年代，胡秋原还撰有《所谓现代化与中国问题要点》《"现代化"理论之虚妄与非成长经济学之兴起》，继续对现代化理论展开批判，借以指明当代中国问题，阐明超越前进论的理论与现实意义。下面就胡秋原对现代化理论批判的几个方面展开论述。

现代化理论是当代发展理论中的一个重要流派，其核心概念是"传统"与"现代"。所谓现代化，简而言之，就是从传统社会到现代社会的彻底的转化。二十世纪五六十年代，以罗斯托（1916~2003）、刘易斯（1915~1991）、帕森斯（1902~1979）、勒纳（1917~1980）为代表的现代化理论家，曾经从政治、经济、文化、社会等不同的学科领域，详细地讨论过传统和现代的特征及其差异。他们把一切前现代的东西都归之于"传统"，而将"传统"与"现代"看成绝对对立的范畴。这些现代化理论家无视传统在时间和空间上的特殊性与多样性，将传统社会看成静止的、没有变化的社会。在他们看来，"传统"是现代化的障碍，因此要实现现代化就必须全盘摈弃传统。"现代"与"传统"的区分被赋予了浓厚的价值判断的色彩："现代"一定比传统好。这些主张无疑将多样性的现代化进程，解释成传统社会朝向某种单一的现代性模式发生单线进化的过程，这一模式无疑就是现代西方社会的模式。

现代化理论的形成有其特定的历史环境。从 20 世纪 40 年代后期到 60 年代，东西方处在尖锐对峙的冷战时期，这一时期西方的社会科学研究具有突出的意识形态色彩。在西方国家中，又以美国学者最为重视现代化理论的研究，这是与美国政府的"全球战略"联系在一起的，如罗斯托的学术观点就曾被称为"肯尼迪-罗斯托路线"。美国在第二次世界大战后超越战前的欧洲，成为世界头号强国。胡秋原在《关于"现代化"》一文中指出：美国一时风靡世界，"使美国人觉得是'美国世纪'之来到。那曾经要英化印度的英国、法化安南的法国，也有为美国所化之势，这引起了反美情绪。戴高乐主义由此而起。同时，过去殖民地亦陆续独立而建新国。西方人对殖民地文化概以'落后'（backward）形容之，此非彼等所乐闻。彼等对欧化深恶痛绝，美国人亦不愿以'美化'去引起反感。但苏俄正以社会主义之名，在世界上进行'俄化'运动，而此未便以资本主义对之。于是美国的学人们觉得有铸造新词（coin new term）之必要。于是在经济上有'已开发''开发中''未开发'之三分，而与前者比较，后二者称'低开发'（under-developed）。在社会上、政治上则有'现代化'与'传统'之二分。制造这些新名词或旧瓶新酒的人，主要是罗斯陶、帕森斯、列斯纳（Lesner，引者按，"Lesner"疑为"Lerner"之误）、刘易士（A. Lewis）"。在胡秋原看来，现代化理论以美国为现代化的理想模型，具有强烈的美国至上、美国至善的色彩，是美国在第二次世界大战之后，为寻求世界霸权而建立起来的意识形态。鉴于美国的全球扩张战略以及冷战时代的国际局势，现代化理论既是为其全球霸权和价值观所提供的正当理由，也因应了其与苏联争夺话语霸权的需要。以现代化理论作为工具，在第二次世界大战后陆续独立的第三世界国家选择发展道路的过程中，美国扮演了指导者的角色。现代化理论还渗透到美国的中国学研究中，费正清在中国近代史的研究中采用了著名的"冲击-反应"模式，这个模式即是以"现代化"理论为基础的。

马克斯·韦伯被看成现代化理论的主要奠基者，马克思主义与之也有密切的关系。胡秋原对马克思与韦伯在资本主义兴起与发展问题上的理论作了深入的分析，在此基础上他对现代化理论作了系统清理。胡秋原认为现代化理论，主要由马克思与韦伯的思想拼凑而成，又是社会达尔文主义与东方社会论的混合，其本质只是冷战时代美国对抗苏联，维持其全球霸权的意识形态。胡秋原在《由马克斯（思）与韦柏（伯）论现代化之理论与实际》一文中指出："美国人的现代化理论，主要是摩尔干、斯宾塞、马克斯、韦柏的鸡尾酒，而百分之八十以上是韦柏，不过他们亦皆有所变造，特别是将马克斯与韦柏共同承认的'外化'问题加以删除，又对韦柏之合理说断章取义。"从经济史的角度来看，现代化的过程其实就是工业化的过程。自马克思开始，西方很多思想家已对资本主义进行了细致的分析和深刻的批判。胡秋原在《关于"现代化"》一文中分析道："工业需要资本，而工业使人专业，如是需要官僚制度，人亦成为机器人。马克斯除了攻击资本家制度之害、无产阶级之苦外，特别说到'自外'破坏人性。当现代派资本家之宣传员歌颂中间阶级之抬头时，密尔兹派的'新社会学'起来，批评现代化或后现代化社会，说'白领阶级'的实况、'孤独的群集'、'组织人'、工业官僚制度与人之机械化，此与马库色之'一度向的人'，成为新左派的意识形态；就是在学院派中，也有孟福（Mumford）批评技术文明之片面性，和佛罗姆（Fromm）之评介马克斯之'自外'理论。文学上哲学上之生存主义皆以'自外'为主题，即人性丧失了。此对'现代化'提出相反的评价。"韦伯等早期现代化理论的研究者，主要是以西方国家的现代化过程为研究对象的，是对西方现代化过程的回溯性研究。二十世纪五六十年代得到正式命名的现代化理论则是以非西方国家的现代化过程为研究对象，是某种指导性、前瞻性的研究。可是他们的理论命题和研究范式，却主要源自那些早期研究者对西方现代化过程的抽象与概括，因此他们的判断难免以西方为标准，何况韦伯本人即认为现代化只产生于西方，东方的儒家文化传统不能产生出现代化。胡秋原认为，现代化理论采用了马克思对现代资本主义社会的深刻分析，而对其异化理论只字不提；采用了韦伯的世俗与合理说，而不顾其实质不合理说。美国现代化理论被胡秋原视为一种虚妄的理论。实际上，那种认为仅靠自由市场就能成就一切的乌托邦早已化为泡影。

胡秋原认为现代化理论就其实质而言，"不过是过去白人优越感、进化论、马克斯与韦柏之混合物，以经济为社会动力，将西方资本主义合理化，并以人类社会均以美国为顶点模型而进化，将过去欧洲人以伦敦巴黎进化标准改为华盛顿。然社会的达尔文主义早已崩溃，马克斯、韦柏的学说毛病甚多，此一理论根本没有学术根据，只是意识形态"。由此可见，所谓的"现代化"只不过是欧化、西化、美化、俄化的总称。胡秋原指出："过去西方国家自视如上帝，上帝照自己形象造人，他们照自己形象造殖民地。此即上述列斯纳论文所说的'现代化方向'。他还要说'变心'。这也无非是'人格殖民化'。但上帝以平等待其子女，他们至今不然。"不难看出，现代化理论的本质仍然是殖民主义。

在胡秋原看来，现代化实质不过是工业化。中国诚然要工业化，"但在工业化的过程中，并非说工业化以前的事物皆将成为'传统'而'消逝'，即在工业进步中也不断有新旧之分，传统是与现代并存的"。而且各国的历史、社会、自然环境不同，中国并不能照搬美国现代化的模式，因为美国之为高度发达的现代社会，亦是历史的产物。过度工业化的弊端也逐渐显露出来，地球资源渐趋枯竭，环境污染日益严重。在这个意义上，现代化理论就是要为高能耗的美国生活方式提供理论依据。中国人口众多，耕地相对不足，资源相对短缺，中国根本不可能效仿美国模式。现代化理论不仅忽视了地球资源的有限性，也掩盖了西方现代化、工业化的过程是与殖民主义交织在一起的历史事实，"过去西方优势之造成，并非完全由于西方之合理主义与科学天才，而是在殖民主义过程中强制殖民地贫困而富起来的"。第三世界国家的工业化、现代化，不可能重走西方国家任由工具理性宰制自然、瓜分世界、掠夺殖民地人民的老路。中国之所以落后，问题就在于工业化程度不够。可见，中国"要发展工业科学，是不成问题的。但落后国家不先求自己独立学问，只照抄苏俄、日本、美国的方式，那不过是'俄化''美化''日化'，或其殖民地化之粉饰而已。再者，他们过度工业化的流弊和覆辙，也是我们应引为教训的"。近代以来，中华民族灾祸不断，正是由于"化"于他人，失却主体性而造成的。因此，胡秋原主张超越前进，即走自己的路，以自己的方式发展，且以西方现代化为戒。

实际上，在 20 世纪 60 年代末，一些来自西方主流社会科学内部的思想家，如古斯菲尔德（1923～ ）、本迪克斯（1916～1991）、艾森斯塔德（1923～ ）、亨廷顿（1927～2008）等，就对此前的现代化理论进行批评。二十世纪六七十年代"依附论""世界体系论"等对立理论的声势明显盖过了现代化理论，更不用说后现代理论对其的严重挑战，乃至根本质疑了。依附理论认为，发达国家与发展中国家，并不是分别处在现代、传统的不同历史发展阶段，而是处在同一阶段的不同位置，前者处在"中心"位置，后者处在"边缘"位置。发达国家之发达与发展中国家之不发达，是同一个过程的两个方面：发展中国家之不发达正是发达国家之发达的条件，发达国家之发达则是发展中国家之不发达的根源。在这种情形下，所谓的"现代化"，只能导致"边缘"对"中心"的依附化，不可能使发展中国家真正走向现代化。因此，发展中国家只有改革旧的世界经济格局，才能摆脱西方"中心"国家的控制，实现自身的现代化。以沃勒斯坦（1930~　）为代表的世界体系论则更进一步，它所强调的并不仅仅是发展中国家对发达国家的依附，而是二者之间的相互依存。依附理论将世界简单地二分为"中心"与"边缘"，世界体系论则将世界划分为"中心""半边缘""边缘"三个等级。这三个等级的结构并非一成不变，世界体系的内部矛盾运动决定各国地位的升降沉浮。

超越前进论

当某一国家固有的传统文化与外来的优势文化相遇时，发生"传统"与"外国"两派的争论，本来是极为普遍的事情，特别是在世界海通之后，许多国家都曾经历过。19 世纪德意志民族在精神上由弱变强就是典型的例子。当法国侵略者把启蒙运动所确立的科学、理性、自由、民主等所谓普遍价值观念带到保守落后的德国时，德国浪漫主义思想家以文化民族主义的思想拒斥之，用民族精神的观念来保卫德意志文化传统。他们对启蒙运动进行反思和批判，拒斥任何进步的绝对尺度，主张没有什么普遍价值与永恒的原则，只有区域性民族性的价值和偶发的原则。保守落后的德国，通过思想上的强大，进而实现实质的强大。这是由精神自立自主到国家的自立自主之道。鸦片战争以降，中国社会的经济、政治结构也处在瓦解和混乱中，中国人日益认识到固有文化不足以应付现代世界，遭遇到了中国文化危机。但是，中国遂循技术—法政—思想的路数日渐倒向西方。"五四"以后的中国思想界，传统派决定性地没落了，西化派逐渐占据了主导位置。西化派视传统为敝屣，弃之犹恐不及。可是，正当西化主义达到沸点时，西方文化自身的危机也暴露出来了，中国人所面临的是世界性的"二重文化危机"。自此以后，苦于二重文化危机的中国人，特别是知识分子，他们既然已自失主张，又面临着更为迷惑的局面，日益倾心于马克思主义、列宁主义以寻求思想资源，"俄化派"逐渐处于上风。但是，"中西俄三派不对中外文化兴衰之故作全盘研究，以求发展自己；而只是执着于三百年左右之事，说祖宗如何，西洋如何，苏俄如何，作终古定论，如是只在'维持现状'与'同化于他人'之间选择其一，此所谓错误"。在胡秋原看来，三派只是死守一孔之见的门户主义。他们不仅缺乏文化理论的根本性研究，即由方法论、价值论以研究文化的本质；也缺乏对世界局势的整体动态研究，即由历史以研究中西文化和世界权力构造。他们只凭"眼前见闻，循惰性与盲从之道，由传统主义走向西化和俄化"。因此，他们无法建立起中国新的文化力量，不可能为近代以来中国所遭遇到的"二重文化危机"提供正确的解决方案，也无法有效地解决中国的内外问题。

中国有着源远流长、博大精深的文化传统。文明的创造也离不开传统，创新就是建立在活的、发荣滋长的传统之上的。但是，"传统之尊重不应使我们主张传统主义（唯依传统方式解决国家问题之意）。事实上，我们的传统文化先被西方文化击败，继而西方文化又受苏俄共产主义威胁。于是才有西化主义、俄化主义。西方文化自有其价值，苏俄共产主义亦不能说绝无一点理由。然西化主义、俄化主义（唯依西方方式、苏俄方式解决中国问题，而化于他们）亦是根本不可行，亦皆试之而失败的。而况如今西方文化、苏俄共产主义之本身已临其末日，也在寻求新路；是我们即欲从而化之亦不可得，我们亦可谓被迫寻求新路了。我称此新路向为'超越前进'"。胡秋原认为中国人要寻求自己立国建国的道路，"必自知其历史条件与需要，根本无现成之模型，自必不致模仿美俄，自分左右而自相残杀。此三大愿望亦可归结于一语，即超越传统、西化、俄化而前进"。《超越传统派、西化派、俄化派而前进》是一篇"精神独立宣言"，其目的就在于破除三派的门户之见，使瓦解而分裂的中国，重新融合而统一。

胡秋原对"超越前进论"的概念作了详细的解释。关于"超越"，胡秋原解释说："我决定采用'超越'二字，一面由徐光启之'超胜'而来，一面由康德之'超越'来。按康德使用 Transcendent 与 Transcendental 二字，意义不同。后者为'先验'的，意即独立于经验而又为经验所必需，意即理性。前者为'超越的'，原为西方中古哲学名词，指'高于'而'不包括于'已有之十大范畴之内者。康德使用之于'超越'从来的独断的理性论与怀疑的经验论之意。我使用'超越'，即用于'外于''高于'传统主义、西化主义、俄化主义及不受其拘束（beyond，above，and free from…）之意，因而也当然超越折衷主义之意。盖折衷者，就二者而折衷之，折衷不出一个新东西的；反之，折衷可在超越中找到自己所有的东西"。超越传统主义、西化主义、俄化主义，并不意味着不去研究中国文化、西方文化、苏俄马列主义。恰恰相反，正是要站在民族主体的立场上，以严格的方法论，通过对这三者作比较研究，探寻文化兴衰的原因；再研究鸦片战争以降中国失败的过程，根据自身的需要与条件，创造新文化而非模仿，求胜于人而不可化于人。关于"前进"，胡秋原说："前进即向历史之明日前进。简言之，即向前走中国人自己的历史的道路，首先求工业技术之进步，在这一点，也便与传统主义不同。"所谓"论"，胡秋原指出："'超越论'只是'论'，不是要树立第四个门户。"

　　胡秋原对传统、西化、俄化派别的划分，既不能简单地看成政治派别的划分，在《一百三十年来中国思想史纲》中，他是将传统派、西化派、俄化派放在思想史的脉络中来考察的；但是这三派亦不能被完全看成思想流派的划分。近代中国，作为古今中西的汇集之地，各种思想派别虽各有所本，却不能被简单地视为抱着僵死的教条而画地为牢，他们肯定有所创新、发展和超越。超越论作为文化危机的解决方案，首先是对文化失衡状态的超越，绝不是对传统的弃绝。此外，胡秋原一贯坚持"自由知识阶层"的主张，因此他所言的超越，也是指对政治意识形态的超越，因为民族国家是"大于"且"先于"政治派别的。他认为并不能将西方国家和后进国家，放在时间轴线的前后位置而孤立看待，当然也不能以西方为中心，对历史作"现代-先进-西方""传统-落后-非西方"的二元划分，并将现代与传统视为绝对对立的范畴。文明的创造离不开传统，创新就是建立在活的、发荣滋长的传统之上的。

　　超越前进论直面近代以来的"二重文化危机"，其目的就是疗治近代文化的病态，也就是要解决其内在与外在发展不平衡的问题。就近代西方文化而言，求得其内部的平衡发展，也就是要由"科学技术"自知其界限，来克服科学帝国主义。科学不是唯一知识，更非唯一文化。在《西方科学观念新潮与科学主义之克服》一文中，胡秋原指出：科学技术"自知界限，不但不会逾越范围，亦必能承认其他学问之权利，而与其合作。承认物界之外还有人界，事实之外还有价值，科学之外还有艺术和哲学"。科学技术与人文精神合之两美，离则两伤，人文不能缺位。要克服科学帝国主义，不是反对或限制科学，而是要承认其他各门学科的独立性、自主性，并与之协调发展，寻求文化发展的平衡，实现文化世界的民主。在胡秋原看来，近代西方文化的危机是由科学帝国主义所导致的；而近代中国文化的危机则是由于科学技术的落后而产生的。在近代中国，晚清维新派和革命派思想家把西方科学由技、器的层面提升到道、理的层面，科学成了普遍的形上的世界和价值观。"五四"时期，科学主义思潮几乎笼罩了整个思想界。科学至上却导致了人文萎缩。科学形而上学化或主义化，看似最重视科学，实则是葬送科学。科学启蒙，发展科学，真正的科学救国，是扬弃传统科学，并把西方近代以来优秀的科学精神与科学方法渐渐濡化为国民的思维、行为方式，内化为国民素质。其最好方式是消解科学头上的灵光圈，还它以本来面目，不要拉着科学的大旗作虎皮。各个学科领域的发展应该遵循"和实生物，同则不继"的原则，对任何学科的偏废都会导致文化的危机。

具体而言，克服科学帝国主义：

第一，"要重视文艺，文艺给人类以关于人生的细节的知识，尤其是情感方面的知识"。

第二，要寻求科学与道德的平衡发展。史怀哲（1875～1965）认为，西方文化危机的主因在于道德的偏废，因此他主张回到启蒙时代，那时的西方人还保持着道德与科学的平衡。而且康德也认为实践理性高于理论理性。

第三，要使社会科学独立，不为自然科学之附庸，或成为"社会中之自然科学"。这一点是最重要的。要达成此一目的，"首先要求有自主的社会科学之方法论。这一方面，要用心理学、语言学、人类学，了解人类文化之性质与形成；另一方面，要研究比较史学，研究文化分化与发展之法则；然后，还要研究一定社会和他的外围的关系。这不仅不是自然科学方法所能问津，仅仅解释学也是不够的"。此外，社会科学不能不讨论价值问题。在历史社会问题上的价值判断，不仅在理论上是不可避免的，是必要的，而且在实践中也是可能的。

第四，要重视道德与价值的研究。胡秋原主张"科学方法是基于因果论的，美、善之价值研究必由目的论出发。方法论与目的论与文化史结合起来，可以使哲学尽其文化批评的任务"。价值判断论是胡秋原理论历史学的重要组成部分。价值判断的基础，是人性及其趋于自由与文化创造的目的。没有目的论作为基础，一切价值判断无从谈起。价值判断的标准除了人性、自由、文化创造之外，还有一个实用标准，即恕道，胡秋原称之为行为的可交互性。价值判断的立场就是普遍人性的立场、文化创造的立场，也即超越前进的立场、自由知识阶级的立场。

向什么方向前进

中国文化的危机既来自中国文化本身，即科学技术之不发达；又来自西方强权对中国的侵略。同样，西洋文化的危机，不仅在于道德与科学的分裂，也由于东方与西方的分裂。因而复兴西方文化之道，不仅在于道德与科学的协调，也在于东方与西方的平衡。相比较而言，后者更为重要。在《东西文化问题及科学与哲学问题》一文中，胡秋原指出："由于东西文化发展之不均衡，使西方文化之发展染上一种文化之副产物毛病，这便是势利主义（The Cult of Mammon and Might）毛病，这毛病古已有之，而因科学与资本主义之发展，特别因东西两方科学与资本主义发展之不平衡而尤烈。为控制东方而竞争，一切集中于此一控制之需要，又促成西方世界发展不均衡，以及西洋文化片面发展；因而才有西洋文化本身之分裂，才有所谓科学玄学对立的观念。换言之，不是西方人之科学或资本主义太多，而是东方人科学与资本主义不足——而科学与资本主义不足，并非精神文明太多，正由于其他精神文化不足。否则，东方人并无不能发展科学与资本主义之理，盖科学与资本主义从来不是任何民族专利的东西。然正由于西方文化之胜利，是以科学为工具，而以东方文化之失败为条件的，所以西方世界以既得利益地位，不复重视科学技术与社会制度之调和。至此科学崇拜也变为势利崇拜。所以，就西方人而言，毛病不在自然科学太多，而在其他社会科学，历史学的研究不足，而此其不足，不是没有应用科学方法于社会科学，而是误于将科学概念因于自然科学概念，因而误用自然科学方法于社会科学。所以然者，也就是势利主义使智力地平线狭隘了。由于东西文化之分裂，以及科学哲学之分裂，愈促进势利主义之发展，这便先有帝国主义，继有独权主义之抬头，终于造成今日世界之分裂与恐怖之均衡。"要克服西方文化中的科学帝国主义，除了依靠西方人自身的努力以外，也要依靠第三世界国家的独立发展。因为科学帝国主义与政治帝国主义是相互影响、相互依存的，因此不可能其中之一还存在，另一个却被克服了。此处胡秋原的分析，类似于依附论及世界体系论对整个世界局势的考察。

近代以来，西方相对于东方而言，具有科学与资本主义上的强势。西方列强对外奉行帝国主义政策，就西方文化本身而言，科学技术的片面膨胀则导致了科学帝国主义。这种局面导致了西方势利主义的猖獗。西方势利主义出于政治帝国主义的需要，为了进一步加强对东方的控制，又越发崇拜工具理性，使得西方文化内的各部门、各学科更加不平衡，科学帝国主义进一步加剧。按照这一逻辑，东方必须在科学技术与资本主义的发展上赶上西方，并做到各个学科门类和而不同而无偏废，实现东西方文化及文化内部的平衡，才能真正克服文化危机。东方发展科学技术，并不是重蹈西方科学帝国主义的覆辙，而是科学技术与其他学科门类协调一致地发展。东西方的平衡发展还体现在工业发展上。殖民地国家需要工业化，但是这种工业化绝不是"西方化""现代化"。在《亚洲前途："现代化"？还是"以自己的方式发展"？》一文中，胡秋原详尽论述了有关"亚洲现代化"的思想。他指出："亚洲国家必须超越传统、西化、俄化，向新社会、新世界而前进。这句话可以换句话说，亚洲国家必须依照自身方式而发展（development in her own way），即首先研究今日先进国一般的知识、经济和其他的成就与方法，依照自身的条件和需要，提高自己文化的、政治的、经济的水平，先求对等，再求超过。此种发展才是能生长的（viable）。"也就是说，殖民地国家不能步西方国家的后尘以实现工业化。因为，过去西方国家的工业化，不仅是在其国内进行的，而且是以帝国主义的政策来推行的，是通过牺牲殖民地国家，乃至牺牲其他西方国家而实现的。此外，仅就西方国家的工业化而言，在不同时期，在不同的国家，因其面临的内外情势不同，其方法也是不同的。胡秋原认为工业化离不开资本的运作，但是必须在自由经济的原则下，发展和利用国民的、国家的、国际的资本；以民族工业为主，做到国营与民营、工业与农业的协调发展，防止垄断资本主义的形成。关于民主政治，胡秋原特别强调对知识权的尊重。胡秋原指出："西方民治其初尊重资本权，其后尊重劳动权，而对于知识权迄无应有之尊重。"胡秋原认为现代民主政治，并不只是意味着文人政府、独立审判、政党政治、民权保障等而已，还意味着对知识权的尊重。对知识权的尊重，不仅可以"解消资本主义与社会主义之对立，因而亦可使学术界势力与社会上独立的势力合作，来平衡政党以及大工商团体大工会团体之专断倾向"。胡秋原因此提出了资本、劳力、知识三权并重的构想。总之，人类的前途就在于文化的平衡发展、人类的普遍合作。

《亚洲前途："现代化"？还是"以自己的方式发展"？》一文还集中表达了胡秋原的中国文化观。中国的现代化必然涉及如何对待传统文化的问题。儒家的五伦观念、家族主义和忠孝观念，一贯被西化派视为现代化的障碍，因此在现代工业社会皆不可行。在他们看来，儒家既不重视科技，不注重财富，又缺乏理性主义观念，与现代社会格格不入。胡秋原认同儒家的核心价值，对这些似是而非的说法，他逐一作了反驳。胡秋原指出："儒家的伦理观念一方面注重一个由同胞爱的推广，另一方面注重相互的责任。"孟子的五伦观念规定人与人之间有一定的相互对待的道义关系、权利义务关系，对方对权力的拥有正体现在自己所尽的义务之中。胡秋原对家族观念也持积极肯定的态度。"家族是人类一个自然的团体，人类一个最自然的安全保障的制度。在中国历史上，家族也是人民平衡王权、官权的一种制度。到了现代国家成立后，昔日家族机能如养老、育幼之类为国家和社会（如保险）所接受，家族自然日益不重要。但现代国家、工业组织日益成为巨灵（leviathan，mammoth）后，尤其是在极权主义起来日益要将人类原子化后，人类感觉成为'孤独的乌合'（lonely crowd），于是，又有社会学家——如阿尔弗雷德·韦伯（Alfred Weber）重新感到家族制度的必要了。说西方没有家族也是乱说的。现代西方资本主义是以家族为摇篮的。"胡秋原也不认为在现代社会中，孝道必然会遭受非难。如果说家族主义足以增加政治上的裙带主义，孝道足以助长权威主义，"儒家以仁孝并称，并说'老吾老以及人之老'，说继志也说跨灶，何当只教你只为一家谋?"所谓"器唯求新""正德利用厚生""有物有则"，绝非如西化派所言儒家排斥在自然认知上的逻辑分析云云。儒家并不反对科技，它强调用物以"利用厚生"，但又不会导致自然的宰制、控御、破坏。恰恰相反，儒家人文精神可以救治现代人的危机，可以弥补宗教科技的偏弊，与自然和谐，因而求得人文与宗教、与科技、与自然调适上遂地健康发展。儒家的核心价值并不构成工业化、现代化的障碍。

在胡秋原看来，"儒家的价值观念有合理核心，有发展之可能与方法，加以发展之后，可为新世界人类相与之道之原则"。儒家道德观念没有西方的两极冲突性。儒家的"人文精神"，不与自然对立，不与宗教对立，不与科学对立。这是中国的，特别是孔子、儒家的人文精神的特点。儒家肯定人生现世幸福与中道，既没有宗教的狂热，也没有排他性。胡秋原认为："儒家道德不是死板教条，而是一种原则、一种标准。他由个人出发，由己推人，由近推远。儒家伦理之精义在忠恕仁义四个字。尽己之谓忠，推己之谓恕。人间相与之亲谓之仁，人间正当相待之道谓之义。可来可往之恕道，正是正义的标准。"在经济上，儒家主张因民之利而利之，反对与民争利；主张义以为利，即与民同乐同利。在政治上，儒家主张人民是国家的根本，人民第一，国家第二，政府第三。儒家主张选贤任能，除了地方政府的乡举里选以外，在中央通过考试选择代表人民的官吏。而在国际战争与和平问题方面，"'四海之内皆兄弟'的天下大同的思想，'国虽大，忘战必危，国虽强，好战必亡'的教训，更是开明而实际的"。

儒家的道德观念虽然产生于农业、手工业社会，但是儒家伦理具有超越时空的价值与意义。胡秋原认为那些对儒家伦理的歪曲、践踏，"不过由于一将技术落后问题变为价值负责，二对儒家伦理作后退解释以符合若干人之私利，三不知这个世界并非最后的世界，而我们亦非采取西方的价值观念所能有效的"。胡秋原认为儒家的核心价值比西方道德观具有更大的普适性。他指出："儒家价值观之核心在承认人类皆有人道与理性的根核，并教人不断存养扩充之。这教人保持和发挥人格尊严、学问尊严。而扩大之道则着重于'推'。用于事物，与西洋之推同理。用于人事，由一己以推于世界，则西方尚缺此义。因基督教只能在'人皆上帝子女'之中推求，启蒙时代颇有推于人类之意向，但功利主义只能推到'开明自私'而止。"与宗教不同，儒家对鬼神存而不论，不以罪恶为空，他只教人坚持正义。所以儒家道德之实行，归结于"勇"，所谓"见义不为无勇也"。儒家道德以仁义为根本，而以道义的勇气来完成。胡秋原认为，在理论上，仁义观念可以作为价值判断的标准之一；在实践中，道义勇气足以成为抵御势利主义的力量源泉。

在胡秋原看来，儒家的核心价值不仅不会妨碍，而且有助于我们取得更高质量的科学与民主的成果。返本开新当然不是固守传统，超越传统派、西化派、俄化派而前进，才是中国人立国建国所应走的道路。这就是胡秋原的理想方案。

附　录

年　谱

1910年　农历五月初五生于湖北省黄陂县（今武汉市黄陂区）木兰山北麓之胡家湾。

1917年　在本村入族中所办小学。

1919年　随父入黄陂城，入乙种商业学校。

1921年　入父创办之黄陂前川中学，为其第一班新生。

1924年　冬，自前川中学毕业。

1925年　由族兄介绍入国民党。考入国立武昌大学理化系预科，冬，由同学严达沫介绍，入共产主义青年团；受邀出任国民党湖北省党部机关报《武汉评论》编辑。

1927年　脱离共青团，辞去《武汉评论》主编职务，同时脱离国民党的组织；兴趣始由科学转向文艺，始以"秋原"为笔名；其后任《中国学生》主编。是年南京"清党"，武汉亦反共，时局混乱，改入武大中国文学系。冬，桂系军入武汉，包围武昌大学，捕杀学生，幸免于难，除夕逃沪。

1928年　以胡秋原之名入复旦大学中国文学系。时普罗文学运动初起，发表《革命文学问题》批评之。济南"五三"惨案后，著《日本侵略下之满蒙》，是为处女作。长姐病故回家，年终又因有逮捕之风声，再逃上海。

1929年　任大东书局编辑，著《近世民族运动》《帝国主义殖民政策》《三民主义问答》等书，以此稿费3月间赴日本，先学日文。

1930年　春，考入日本早稻田大学政治经济学部，后经熊十力、蔡元培二先生荐助，获得湖北省官费补助。经陆晶清介绍，与敬幼如女士互通信函。

1931年　夏，归国省亲，由日本经上海至北京，与敬幼如女士初次见面；8月末，回到黄陂故乡。9月至上海正拟东渡入学之时，闻"九一八"之变，决定放弃学业官费，留沪著书为生。除参加《读书杂志》外，冬，自办《文化评论》周刊，主张抗日及文艺自由，自称"自由人"。

1932年　与左联发生文艺自由论战。7月15日，与敬幼如结婚。该年出版《唯物史观艺术论——普列汉诺夫及其艺术理论之研究》。

1933年　参加"中国社会史"论战。冬，参加福建事变，任"文化宣传部"主任。

1934年　福建事变失败后转往香港，旋被香港政府逮捕，驱逐出境，乃经印度、埃及，至伦敦大英博物馆读书。

1935年　应第三国际中国代表团之邀请，至莫斯科参加《救国时报》《全民月刊》之编辑，宣传全国统一抗日。

1936年　6月，离开莫斯科回伦敦。8月，编《中国与和平》《中国为和平而战》。9月，至欧洲参加在布鲁塞尔举行的"世界和平（反侵略）运动"大会。12月，拟由英经美返国，途中闻西安事变之讯，遂暂留美国。

1937年　在美提倡抗日。卢沟桥事变爆发后，立即归国。南京陷落后，在汉口改组《时代日报》，主张"巩固统一，抗战到底"。

1938年　7月《时代日报》休刊。8月由汉抵达重庆。是年底，将《时代日报》印刷机器运重庆，办"时代日报印刷出版社"，出版《祖国》周刊，后改月刊。

1939年　任国防最高委员会秘书。以叶楚伧热忱介绍，重入国民党。主持国民外交协会之会刊《外交季刊》。

1940年　《历史哲学概论》由重庆建国印书馆出版。《民生哲学与民生主义》由重庆中国文化服务社出版。

1941年　发表《国共论》，倡导国共两党合作。《日本大陆政策之原形》（与敬幼如合编）、《三民主义之理论与实行》（三民主义概论）由重庆祖国社出版。

1942年　代表国民参政会，参加前线劳军团至第四（两广）、第三（浙闽赣）战区，作《上前线》十六篇，载于《扫荡报》副刊。

1943 年　《近百年来中外关系》由重庆中国文化服务社出版。

1944 年　应中央周刊社主编陶百川之邀，编写《宋元学案明儒学案节补》，由重庆中央周刊社出版。熊十力先生迁居北碚，前往拜候，以师礼相待。

1945 年　创办《民主政治》月刊。8 月 5 日发传单《参政员胡秋原对中苏谈判之声明》，反对外蒙独立，被最高当局"免本兼各职"。

1946 年　回黄陂恢复前川中学，并出任校长。参加制宪国民大会。

1947 年　应前中央日报社社长胡健中之邀，赴上海任《东南日报》总主笔，亦任《前线日报》《时事新报》主笔。受聘为暨南大学教授，主讲国际问题；亦受聘为复旦大学教授，主讲西洋哲学史。发起"和平运动"。冬，回鄂参加第一届立法委员竞选。

1948 年　当选第一届立法委员。将在《祖国》《民主政治》上发表的哲学类文章，汇编成《新自由主义论》，由上海建国印书馆印行。《思想、道德、政治》由南京新中国出版社印行。《历史哲学概论》再版于上海。

1949 年　在前川中学主讲"国学概论"。解放军渡江入武汉后，至长沙，继至广州，应香港时报社社长许孝炎之邀，赴香港任《香港时报》主笔，亦为卜少夫之《新闻天地》、徐复观《民主评论》撰文。

1950 年　在九龙开洗衣店，名"金山商店"。著《中国之悲剧》，刊于《民主评论》。为王云五主持的"华国出版社"译《二十世纪哲学》《美国实用主义的发展》。5 月只身赴台，不久返回香港，再任《香港时报》主笔，并为之主编《七日世界》。父由汉来港，妻子女等亦经北京来港。冬，举家迁台。

1951 年　仍为《香港时报》写社论、专论，亦为《自由人》及《民主评论》撰文。年末再度赴港任《香港时报》主笔，并主持《七日春秋》。

1952 年　年初返台，担任国民党主办之《今日大陆》的名义发行人。开始撰写《古代中国文化与中国知识分子》。

1953 年　在台北师范学院教育研究所，讲授西洋哲学史。《中国文化之前途》由香港自由世界出版社出版。

1954年　完成《古代中国文化与中国知识分子》。

1955年　写《中国英雄传》。是年末，印行《世纪中文录》上、下册，为未出书文章之结集。

1956年　《古代中国文化与中国知识分子》《中国英雄传》由香港亚洲出版社出版（后者为上、中、下三册，至1959年出齐）。

1957年　作第二次环球旅行。进台湾"中央研究院"近代史研究所，主编《近代中国对西方及列强认识资料汇编》。在成舍我创办的世界新闻专科学校，讲授现代世界史，后讲授思想自由史。

1958年　在台"立法院"提出《天经地义背之不祥》为题的质询，捍卫言论出版自由，该文刊于《民主潮》第162期；并辑有《言论自由在中国历史上》，证明中国民主传统与历史俱来。

1959年　出版《少作收残集》上卷。

1960年　反对党运动大起，"雷震案"发生，与成舍我联名发表声明，反对雷案处理办法，又应《民族晚报》之邀，发表《同舟共济》系列文章，翌年结集出版。

1962年　应《文星》之邀，参加"中西文化论战"（1961年年末起于徐复观与胡适），写《超越传统派、西化派、俄化派而前进》一文，结果成为论战对象，借《世界评论》答复，撰《文化问题无战事》；继而被攻击为"闽变分子"，被戴"红帽子"，乃与郑学稼控告《文星》于法院。

1963年　8月，独立创办《中华杂志》，主张由学术探讨中国前途，提倡"三大尊严"，成为民族主义重镇。

1965年　韩国高丽大学举行《亚洲现代化问题国际学术会议》，为受邀学者之一，但因无法出境，未能与会。撰写论文《亚洲之历史的道路》，认为现代化观念来自韦伯，亚洲国家前途是以自己方式发展，不是现代化。

1966年　《中西历史之理解：东方社会论源流驳费正清中国观》《逻辑实证论与语意学及殷海光之诈欺》由中华杂志社印行。

1968年　《复社及其人物》由学术出版社印行。12月赴汉城高丽大学亚细亚研究所，发表题为《亚洲前途："现代化"？还是"以自己的方式发展"?》的演讲。

1969 年 珍宝岛事件后，发表《珍宝岛事件与中国人民立场》。

1970 年 9 月，王晓波与王顺写就《钓鱼台不可断送》一文，但投稿均遭退回，然胡秋原先生认可该文，遂以《保卫钓鱼台》为题刊于《中华杂志》11 月号。

1971 年 在《中华杂志》3 月号上，发表社论《保卫钓鱼台与保卫中华民国》；并于 4 月 20 日应邀参加台大"保钓会"举办的"钓鱼台问题座谈会"，发表题为《保卫钓鱼台的爱国运动必须坚持到底，底于成功》的演说，其后刊于 5 月号《中华杂志》。

1972 年 发起反对椎名来华示威运动，自此每年举行"七七抗战纪念会"。

1974 年 《文星》官司判决胜诉，《文星》赔偿胡秋原、郑学稼各四万元。

1977 年 在《中华杂志》2 月号上发表社论《中国到何处去》，提出"中国有再统一之可能与必要"。"乡土文学论战"发生，与郑学稼、徐复观等人为文支持陈映真、黄春明、王拓，对抗余光中、朱西宁等人对乡土文学作的批评。

1978 年 大陆方面《告台湾同胞书》发表后，在《中华杂志》发表《告大陆同胞书》，主张"通思想通观念"，开国民会议，研究统一中国宪法草案。

1980 年 为高雄美丽岛事件发表社论，劝台湾当局宽大处理，引起若干人之攻击，终成诉讼至今未结。是年举行七十寿辰庆祝会。

1981 年 心脏病发作，初步治疗后，11 月赴美检查。

1982 年 4 月在美施行开心绕道手术，病愈后，应邀到哥伦比亚大学、斯坦福大学演讲。8 月返台，参加《中华杂志》创办二十周年纪念会。

1986 年 发表《论"中国特色的社会主义"与"迈向已开发国"》，刊于《中华杂志》第 24 卷第 5 期。

1987 年 在"立法院"提出质询《当前中国根本问题——民主统一》，反对以台湾为"国"。作《论马克思主义与中国问题》，刊于《中华杂志》第 25 卷第 3、9、10、12 期。

1988 年 4 月，发起"中国统一联盟"，被推举为名誉主席。9 月由美赴大陆探亲访问，并与大陆各界讨论民主统一问题，因此被国民党开除党籍。

1995年　《中华心：胡秋原政治文艺哲学文选》（李敏生编），由北京社会科学文献出版社出版。8月，在北京召开《中华心：胡秋原政治文艺哲学文选》首发式暨胡秋原学术思想研讨会。

2004年　5月24日，病逝于台北县新店耕莘医院，享年95岁。

2008年　武汉大学哲学学院设立胡秋原藏书室。

2010年　6月16日值胡秋原先生百年冥诞纪念日，武汉大学哲学学院、中国传统文化研究中心、国学院于6月16日至17日，共同举办了"纪念胡秋原先生诞辰一百周年学术研讨会"。6月21日，"胡秋原、敬幼如奖学金"捐赠仪式在哲学学院隆重举行。

主要著作

（一）胡秋原的主要著作

1. 胡秋原：《日本侵略下之满蒙》。

2. 胡秋原：《唯物史观艺术论——普列汉诺夫及其艺术理论之研究》。

3. 胡秋原：《亚细亚生产方式与专制主义》。

4. 胡秋原译：《迫近的世界大战》。

5. 胡秋原：《抗战建国根本问题》。

6. 胡秋原：《中国革命根本问题》。

7. 胡秋原：《中国文化复兴论》。

8. 胡秋原：《欧战论》。

9. 胡秋原：《民生哲学与民生主义》。

10. 胡秋原、胡秋明合著：《领袖与抗战建国》。

11. 胡秋原：《历史哲学概论》。

12. 胡秋原：《三民主义之理论与实行》（三民主义概论）。

13. 胡秋原：《国策之原理》。

14. 胡秋原：《近百年来中外关系》。

15. 胡秋原：《中西文化与文化复兴》。

16. 胡秋原：《民族文学论》。

17. 胡秋原：《宋元学案明儒学案节补》。

18. 胡秋原：《新自由主义论》。

19. 胡秋原：《思想、道德、政治》。

20. 胡秋原：《中国文化之前途》。

21. 胡秋原：《中国的噩梦》。

22. 胡秋原：《世纪中文录》（上、下卷）。

23. 胡秋原：《中国英雄传》。

24. 胡秋原：《古代中国文化与中国知识分子》（上、下册）。

25. 胡秋原：《言论自由在中国历史上》。

26. 胡秋原：《二十世纪初叶之西洋哲学：关于近代西洋哲学中心问题与当代哲学五个主要来源》。

27. 胡秋原：《丁零、突厥、回纥：其起源，其兴衰，其西迁及其文化史意义》。

28. 胡秋原等主讲：《教育学术讲演集》。

29. 胡秋原：《维护讨论原则，学界尊严》。

30. 胡秋原：《中国是亚洲涡动的镜子》。

31. 胡秋原：《反对诽谤及乱戴红帽》。

32. 胡秋原：《护法篇》。

33. 胡秋原：《中西历史之理解：东方社会论源流驳费正清中国观》。

34. 胡秋原：《逻辑实证论与语意学及殷海光之诈欺》。

35. 胡秋原：《国父思想与时代思潮》。

36. 胡秋原：《复社及其人物》

37. 胡秋原：《国事四书》。

38. 胡秋原：《胡秋原演讲集》。

39. 胡秋原、敬幼如合著，徐真健、吴志道续编：《日本军国主义之发展、降伏与复活》。

40. 胡秋原：《一百三十年来中国思想史纲》。

41. 胡秋原：《文学艺术论集》

42. 胡秋原：《文化复兴与超越前进论》。

43. 胡秋原：《西方文化危机与二十世纪思潮》。

44. 胡秋原：《民主统一与国家再建》。

45. 胡秋原：《文学与历史》。

46. 胡秋原：《哲学与思想》。

47. 胡秋原著、李敏生编：《中华心：胡秋原政治文艺哲学文选》。

（二）胡秋原创办、编辑、撰文的主要期刊

1.《文化评论》（出版地：上海）。

2.《读书杂志》（出版地：上海）。

3.《今日大陆》（出版地：台北）。

4.《中华杂志》（出版地：台北）。

5.《民主评论》（出版地：香港）。

6.《文星》（出版地：台北）。

7.《民主潮》（出版地：台北）。

8.《世界评论》（出版地：台北）。

9.《海峡评论》（出版地：台北）

参考书目

1. 中华杂志编辑部编：《胡秋原之生平与著作——祝贺胡秋原先生七十寿辰文集》，学术出版社，1981 年。

2. 张漱菡：《胡秋原传——直心巨笔一书生》（上、下），皇冠出版社，1988 年。

3. 李敏生主编：《胡秋原学术思想研究》，社会科学文献出版社，1996 年。

4. 毛铸伦、刘国基合编：《志业中华——胡秋原学术思想研讨会论文集》，海峡学术出版社，1996 年。

5. 钱江潮、毛铸伦、蔡天进编：《胡秋原先生 80·90 寿辰纪念文集》，学术出版社，2001 年。

6. 毛铸伦编：《人格的自由与学问的尊严——中国当代民族主义思想家胡秋原先生逝世周年纪念文集》，海峡学术出版社，2005 年。

7. 武汉大学哲学学院编：《哲学评论》第 9 辑（"纪念胡秋原先生诞辰一百周年学术研讨会"专辑），武汉大学出版社，2011 年。